JN070922

ゼロからはじめる

外国人介護スタッフの採用ガイド

入国前の手続きから
採用後のフォローまで

矢澤めぐみ 著

中央法規

は　じ　め　に

　この本を手に取るのは、はじめて外国人を採用することになり、どこから手をつけたらよいかわからず戸惑っている方でしょうか。私は行政書士として外国人の在留資格に関する採用サポートをしていますが、近年そのような方がとても多くいらっしゃることを実感しています。

　外国人の採用にはいくつもの制度があり、手続きも煩雑です。おまけにルール（法令）違反をすると今後外国人を雇用できなくなってしまうなどの大きなリスクもあります。

　本書はそうした右も左もわからない経営者や人事の方に、採用がスムーズに、そしてトラブルなく行えるように、外国人介護職の受け入れ制度のしくみや法令に沿った採用方法、法的な手続き、専門家の使い方、雇用の注意点などをわかりやすくお伝えするものです。

　細かな法令を一から十まで解説するのではなく、これまで私が行政書士として外国人の採用サポートをしてきた経験をもとに、経営者や人事の方が普段どのような情報を必要としているのかということに重きをおいて実務に直結するポイントだけをコンパクトにまとめました。また、皆様に気軽に楽しく学んでいただけるよう、イラストや図表を豊富に取り入れています。

　本書の前半（第１章～第３章）では外国人雇用に関する基本的な事項（受け入れのルール、受け入れ制度の種類、受け入れにかかる費用など）について解説し、後半（第４章～第６章）ではそれぞれの制度に応じた実践的な手続きについて解説しています。

　介護業界において深刻な人手不足が叫ばれる今日、皆様が１日も早く必要な外国人材をスムーズに受け入れられるよう本書をご活用いただければ幸いです。

2022年2月

行政書士　矢澤めぐみ

ゼロからはじめる
外国人介護スタッフの採用ガイド

目 次

第2章 介護の就労資格のキホン

第3章 採用手続きのキホン

第4章 「技能実習」で採用しよう

第5章 「特定技能」で採用しよう

第6章 在留資格「介護」で採用しよう

本書では、頻出するいくつかの用語につきまして、以下のとおり略称を用いています。
・出入国管理及び難民認定法→入管法
・出入国在留管理庁→入管
※なお、地方出入国在留管理官署も、入管としています。

第 1 章

外国人雇用の
キホン

在留資格を知って
外国人雇用を成功させよう！

▶成功のカギは自社に適した在留資格の活用
▶外国人雇用はルールを破ると厳しいペナルティがある
▶外国人雇用の実務は在留資格を中心に回っている

　「１日も早く人材が欲しいから外国人の採用方法を知っておこう」と本書を手に取った方は多いのではないでしょうか。筆者も「早速、採用方法は…」と説明したいところですが、そう簡単にいかないのが外国人雇用の難しいところです。

　というのも、外国人雇用には**特有のルール**があるからです。

1 就労ビザによって働き方に違いがある

　外国人が日本で働く場合、日本で働くための**在留資格**を取得しなければなりません。いわゆる"就労ビザ"というものです。

　なかには、「そんなことは知っている」という方もいるかもしれませんが、「就労ビザとは何か？」という中身のことまではあまり知られていないようです。

　在留資格は"外国人"が取得するものです。このため「就労ビザは雇用主ではなく外国人の問題」と思われがちですが、実際には、**雇用主もこれに深くかかわっています。**

　なぜなら、就労ビザの一つひとつには、外国人の仕事内容や就労期間、採用方法、給与水準、転職の可否にいたるまで、さまざまな**就労のルール**が定められているからです。

　たとえば、次は介護職のための就労ビザです。3種類あるので、それぞれの違いをみてみましょう（図表1－1）。

図表1－1　介護職のための就労ビザ

在留資格	「技能実習」	「特定技能」	「介護」
介護福祉士資格	なし	なし	あり
就労期間	最長5年	最長5年	永続的
採用ルート	海外から	指定なし	指定なし
転職	×	○	○

在留資格によって、働き方に大きな違いがあることがわかります

めぐみ先生

自社に適した在留資格を選ぶことが成功のカギ

　図表1－1を雇用主の視点でみてみると、どの就労ビザも一長一短であることがわかります。

　たとえば、「技能実習」の場合、転職がないために人材確保という面で大きな安心感があります。その反面、受け入れは海外からに限られているため、外国人が日本語や日本文化に順応するのに時間がかかる傾向があります。

一方、「特定技能」と「介護」では、転職の可能性があるものの、国内で採用ができるため、日本語が堪能で日本文化になじんだ留学生などを採用できる利点があります。

　このように、人材の募集・採用をはじめる前に、まずは**どの在留資格で受け入れるべきかよく検討する**必要があります。ここで自社に適した在留資格を選べるかどうかが外国人雇用を成功させる重要なカギにもなるのです。

2 在留資格の知識なくして 法令は守れない

　このような在留資格のルールは、「出入国管理及び難民認定法」（以下**「入管法」**といいます）という"法令"で定められています。つまり、

在留資格のルール＝入管法

　ということです。これを知らずに外国人を雇用することはできません。

　もしも雇用主がこのルールを守らずに外国人を働かせてしまうと、外国人が日本での滞在を続けられなくなるだけでなく、違法な就労をさせた雇用主に対しても**厳しい罰則**が適用されます（不法就労助長罪●P18）。

❸ 在留資格との付き合いは 「採用から退職まで」

　外国人雇用に関する実務というと、多くの方がイメージするのは在留資格を取得する手続きではないでしょうか。しかし実際には、ほかにもさまざまな在留資格に関する実務があるのです。

　ここで、みなさんが今後の実務でどのように在留資格とかかわっていくのか、次ページの「ひと目でわかる！外国人雇用の手順」でみてみましょう。

　採用から退職まで、外国人雇用の実務は**「在留資格」を中心に回っている**ことがイメージできると思います。

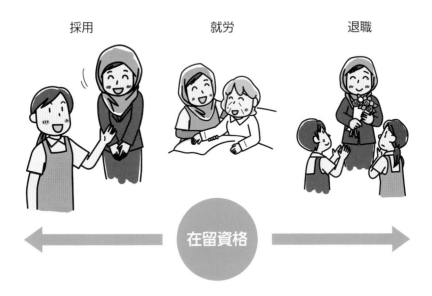

採用　　　　　　　　就労　　　　　　　　退職

在留資格

ひと目でわかる！　外国人雇用の手順

　以下は、外国人雇用の基本的な手順です。どの手順も在留資格に深いかかわりがあります。自社で実務を行うのが難しい場合などには、図表内にあげた専門家を利用することもできます。

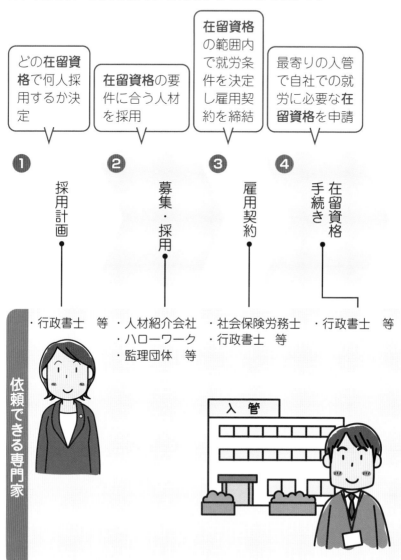

どの**在留資格**で何人採用するか決定

在留資格の要件に合う人材を採用

在留資格の範囲内で就労条件を決定し雇用契約を締結

最寄りの入管で自社での就労に必要な**在留資格**を申請

❶ 採用計画

❷ 募集・採用

❸ 雇用契約

❹ 在留資格手続き

依頼できる専門家

・行政書士　等

・人材紹介会社
・ハローワーク
・監理団体　等

・社会保険労務士
・行政書士　等

・行政書士　等

外国人の氏名や**在留資格**をハローワークに届出

在留資格で決められた届出や支援を行う

在留期限が近づいたら在留期間の更新を申請

⑤ 入社

⑥ ハローワークへの届出

⑦ 雇用管理

⑧ 在留期間更新

・社会保険労務士（社会保険・労務関係）
・行政書士（在留資格関係の手続き・相談）
・登録支援機関（特定技能外国人の生活支援）
・監理団体（技能実習の指導等）　等

・行政書士　等

外国人は在留資格がないと雇用できない

▶在留資格は全部で29種類ある
▶介護職の在留資格は「介護」「特定技能」「技能実習」
▶「永住者」やアルバイトの留学生も雇用できる

　日本人にとって、ビザ（査証）の手続きをすることなく海外旅行をするのはあたりまえになっています。日本は信頼度の高い国で、多くの国が日本人のビザを免除しているからです。このため、在留資格は日本人にとってなじみがなく、理解しづらいものです。そこで、まずは在留資格の基本的なことをお伝えします。

① そもそも「在留資格」って何？

　近年、外国人が急増し、私たちに身近な存在になりました。
　しかし、彼らは日本人と同じように自由に働いたり暮らしたりできるわけではありません。先にも少し触れましたが、外国人の活動は法令によって制限されているからです。
　たとえば、介護福祉士であれば「介護」、エンジニアや通訳者であれば「技術・人文知識・国際業務」、外国料理のコックであれば「技能」という在留資格で滞在することが許可されます。
　しかし、保育士や美容師などである場合、そのような職業に該当する在留資格がないため滞在は許可されません。

　このように、**どのような活動や身分であれば日本での滞在が許可されるのか明確にわかる**よう、「活動」や「身分」を分類して示した

ものが**「在留資格」（29種類）**です。

介護職で雇用できる在留資格は？

介護職で雇用できる就労ビザ（以下、就労のための在留資格という意味で「就労資格」といいます）は、先にあげた**「介護」「特定技能」「技能実習」**の3種類です（「医療」「教育」「技術・人文知識・国際業務」など、種類の異なる就労資格では雇えないことに注意）。

また、これらの就労資格のほかにも、**留学生（「留学」の外国人）**をアルバイトで雇用したり**「永住者」や「日本人の配偶者等」など の身分資格の外国人**を日本人と同じように雇用したりすることも可能です。

［介護職で雇用できる在留資格］

> **「介護」、「特定技能」、「技能実習」、
> アルバイトの留学生、「永住者」等の身分資格**

これらの在留資格の特徴について、次ページで詳しく確認しておきましょう。

🔍補足情報 外国人の滞在目的と在留資格

滞在目的	在留資格
はたらく	「特定技能」「介護」「技術・人文知識・国際業務」「企業内転勤」「経営・管理」「技能」「教育」「医療」「教授」「高度専門職」など
まなぶ	「留学」「技能実習」（働きながら学ぶ）
（いっしょに）くらす	「日本人の配偶者等」「永住者の配偶者等」「定住者」「家族滞在」
おとずれる	「短期滞在」

介護職で採用できる４タイプの在留資格

❶ 就労の制限がない
身分系の在留資格

「永住者」※1
「定住者」※2
「日本人の配偶者等」
「永住者の配偶者等」

永住者

日本人と同様に働ける

就労制限がなく日本人とほぼ同様に働ける在留資格。長年日本に住み、日本の習慣になじんだ人も多く、比較的長期間働いてくれる傾向がある。在留資格の手続きに雇用主がかかわる必要がないという点でも受け入れの負担が少ない。

❷ 制限つきで働ける
就労資格

「介護」
「特定技能」
「技能実習」

技能実習

在留資格によって働き方が違う

就労を目的とする在留資格で一般に「就労ビザ」とも呼ばれている。数ある就労資格のうち、介護で働けるのは主に**「技能実習」「特定技能」「介護」**の３種類。業務範囲や就労期間、給与の額、転職の可否など、多くの**就労の制限**が設けられている。就労期間は限定されていても、他の就労資格に移行することで長期間の雇用が可能（▶P32）

※1 永住を許可された外国人が取得する在留資格
※2 日系３世、外国人配偶者の連れ子等が取得する在留資格

❸ 許可を得て アルバイトが可能な在留資格

「留学」
「家族滞在」 ※3
など

留学生

○○学校

週28時間以内で働ける

原則として就労は認められない在留資格だが「資格外活動許可」を取得すれば**週28時間以内のアルバイトが可能**。業務内容の指定がないため、幅広い業務を任せることができる。日本語学校や専門学校などの留学生をアルバイトで雇用している施設も多い。

❹ EPAやインターン シップ等の「特定活動」

「特定活動」

EPA

就労の制限は指定の活動次第

外国人の活動内容がほかのどの在留資格にも当てはまらないものの、在留を認める理由があるときに許可される在留資格。インターンシップやワーキングホリデーなどの外国人が取得するほか、介護分野では主に、**EPA（経済連携協定）で来日する介護福祉士候補者**が取得している（●P25）。

※3 就労資格等の外国人が扶養する配偶者・子が取得する在留資格

ひと目でわかる！ 介護の在留資格一覧
（2021年12月時点）

在留資格	「技能実習」	「特定技能1号」	「介護」
勤務できる サービスの 制限	制限あり （訪問系サービス 不可）	制限あり （訪問系サービス 不可）	制限なし
介護福祉士 資格	なし	なし	あり
就労期間	最長5年	最長5年	永続的
継続雇用	・「技能実習」から「特定技能1号」に移行 すれば最長10年の雇用 ・介護福祉士を取得し、在留資格「介護」に 移行すれば永続的な雇用		○
採用方法	監理団体の あっせん※1	介護施設の自主的な 採用活動	介護施設の自主的な 採用活動
日本語能力 の目安※2	入国時：N4程度 入国1年後：N3程度	N4以上および介護 業務に必要な日本語 能力	N2以上 （一部の養成校の入 学要件）
人員基準に 含められる までの期間	雇用して6か月たて ば含められる※3	雇用してすぐに人員 基準に含められる （条件あり●P30）	雇用してすぐに人員 基準に含められる
夜勤の可否	条件つきで可能 （●P31）	○	○
雇用形態	直接雇用	直接雇用	指定なし
人数制限	常勤職員の総数に 応じた人数枠 （●P75）	常勤の介護職員の 総数を超えない	制限なし
家族帯同	×	×	○
転職	×	○	○

※1 団体監理型の技能実習の場合
※2 日本語能力試験レベルN1～N5の解説は●P26を参照

「特定活動」（EPA）	「永住者」等の身分資格	「留学」「家族滞在」等
制限あり		
なし（資格取得を目的としている）		
・介護福祉士取得前：原則４年 ・介護福祉士取得後：永続的		
・介護福祉士の取得で永続的な雇用 （資格取得できない場合でも「特定技能１号」への移行で継続雇用が可能）		
JICWELS（国際厚生事業団）のあっせん		
大多数は就労開始時点でN3程度（入国時はベトナム：N3、インドネシア・フィリピン：N5）	就労制限なし	業務内容の指定なし（週28時間以内のアルバイト限定）
雇用して６か月たてば含められる※3		
・介護福祉士取得前：雇用して６か月経過、もしくは日本語能力試験N1またはN2であれば可能 ・介護福祉士取得後：可能		
直接雇用（介護福祉士取得後）		
１か国１年間につき２名以上５名以下		
・介護福祉士取得前：× ・介護福祉士取得後：〇		
・介護福祉士取得前：× ・介護福祉士取得後：〇		

※3 日本語能力試験N2以上の場合は、雇用してすぐに人員基準に含められる。

採用できる外国人の
チェック方法

▶採用時には "在留カード" を提示してもらう
▶在留カードの "在留期間" や "在留資格" を必ず確認する

　日本国内で応募してくる外国人のなかには、在留資格のルールをよく知らず、介護で働けないにもかかわらず応募してくる人もいます。しかし、そのような人を採用してしまうと、外国人本人だけでなく雇用主にも**ペナルティ**（不法就労助長罪▶P18）が科されることがあるのです。

　後に大きなトラブルにならないよう、採用できる外国人のチェック方法を確認しておきましょう。

1 在留カードを確認しよう

　日本に滞在している外国人には、取得している「在留資格」、「在留期間」、「資格外活動許可」（アルバイトの許可）などが記載された**在留カード**が交付されており、常時携帯する義務があります。外国人を採用するときには必ずこれを確認するようにしましょう。

　なお、観光等の目的で滞在する「短期滞在」の外国人や、3か月以下の在留期間を取得している外国人、不法滞在者には在留カードは交付されません。**在留カードが交付されていない外国人は雇用できません**ので、注意しましょう。

2 在留カードのチェック方法

　以下に実際の在留カードと，採用時にチェックしておきたいポイントを示します。

（表面）

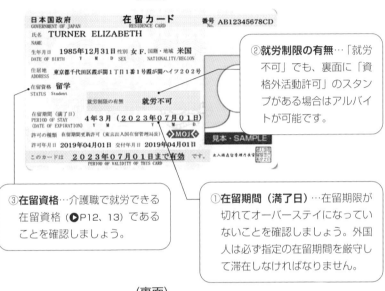

②**就労制限の有無**…「就労不可」でも，裏面に「資格外活動許可」のスタンプがある場合はアルバイトが可能です。

③**在留資格**…介護職で就労できる在留資格（●P12、13）であることを確認しましょう。

①**在留期間（満了日）**…在留期限が切れてオーバーステイになっていないことを確認しましょう。外国人は必ず指定の在留期間を厳守して滞在しなければなりません。

（裏面）

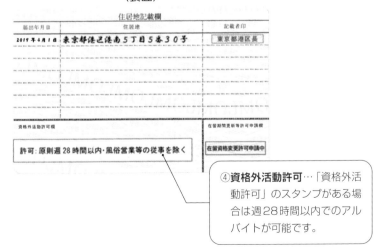

④**資格外活動許可**…「資格外活動許可」のスタンプがある場合は週28時間以内でのアルバイトが可能です。

3 「特定活動」の場合は "指定書" も確認

　「特定活動」(▶P11) は特殊な在留資格です。同じ「特定活動」をもっていても、EPAやインターンシップ、留学生の卒業後の継続就職活動、帰国準備など滞在目的は人によってさまざまです。なかには就労が認められている人もおり、**アルバイト等で雇用できる場合もあります**。

　「特定活動」の人の就労の可否や活動内容の詳細は、パスポートに添付された**「指定書」**に記載されています。必ず在留カードとあわせて確認するようにしましょう。

図表1-2 指定書（見本）

日本国政府法務省

指　　定　　書

氏名	
国籍	

　出入国管理及び難民認定法別表第一の五の表の下欄の規定に基づき上記の者が本邦において行うことのできる活動を次の通り指定します。

日 本 国 法 務 大 臣

用紙の大きさは、日本工業規格A列5番とする。

雇用できるかどうかの判断は難しい場合も多くあります。わからないときは、入管や行政書士などに相談するとよいでしょう

アドバイス

偽造在留カードをアプリで撃退！

　近年、失踪した不法滞在者が「永住者」や「定住者」などと記載された偽造在留カードを安易に入手し、就労制限のない外国人を装って就労するケースが増えています。また、これらの偽造在留カードのなかには、巧妙な作りで本物と見分けるのが難しいものも多く出回っています。

　これに対し、入管では、一般の方が**スマートフォンやPCを使って手軽に偽造在留カードを見分けることができるアプリ『在留カード等読み取りアプリケーション』**を無料配布しています。

　このアプリは、入管Webサイト『在留カード等読取アプリケーション サポートページ』からダウンロードできます。

RESIDENCE
CARD CHECKER

出入国在留管理庁Webサイト『在留カード等読取アプリケーション サポートページ』
https://www.moj.go.jp/
isa/policies/policies/
rcc-support.html

▶1-4

不法就労させた
雇用主のペナルティ

▶外国人に不法就労をさせると懲役や罰金の可能性がある
▶採用時には必ず在留カードを確認しよう

1 不法就労させた場合のペナルティ

　働くことが認められていない外国人を雇用した雇用主は、不法就労助長罪となり、処罰の対象となることがあります。この罰則は大変厳しく、在留カード等の確認をしなかったために**「不法就労者であることを知らなかった」**といっても免れません。

「不法就労助長罪」

働くことが認められていない外国人を雇用した雇用主は、
3年以下の懲役　もしくは
300万円以下の罰金
または、その併科となる

2 採用時に注意すること

　うっかり不法就労をさせて厳しい罰則の対象となることがないよう、外国人を採用する際には必ず**在留カードを確認**するようにしましょう。

18

　ただし、次の項目**3**にあげるケースのように、単に何らかの在留資格を持っているというだけでは不法就労になってしまう場合があります。必ず、**介護職として働ける在留資格**（●P12、13）を持っていることを確認する必要があります。

3　不法就労となる３つのケースとは？

　働くことが認められていない外国人を雇用している（＝不法就労をさせている）とみなされるのは、具体的には次のようなケースです。

❶ 不法滞在者や強制送還が予定されている人が働く

たとえば…

・在留期限が切れた人や密入国した人が働く

・失踪した技能実習生が働く

・強制送還されることが決まっている人が働く

❷ 入管から働く許可を受けていない人が働く

たとえば…

・観光などの目的で「短期滞在」で来日
　した人が許可を受けずに働く

・留学生が許可を受けずに働く

❸ 入管から認められた範囲を超えて働く

たとえば…

・留学生が週28時間を超えてアルバイトをする

・通訳者としての在留資格を取得してい
　る人が介護の仕事をする

週 28h 超

在留資格とビザの違い

　在留資格は"日本に在留する資格"という意味で一般的に「ビザ」とも呼ばれています。しかし実際には、在留資格とビザは異なるものです。

　外国人が海外から来日する場合、ビザ（査証）と在留資格それぞれの手続きが必要になります。外国人は来日が決まると、まずは海外にある日本大使館や領事館でビザ（査証）を申請して取得します。

　その後、日本に渡航し到着時の空港等でビザ（査証）を提示し、入国許可を受けて在留資格を取得します。

　来日に先立ち、日本の在留許可を受けるための**推薦状の意味を持つビザ（査証）**を取得しておき、来日時に**在留許可そのものである在留資格**を取得するという流れです。

　このように、在留資格とビザは異なるものですので、とくに海外から外国人を呼び寄せる場合には混乱しないよう両者の違いを知っておく必要があります。

外国人の来日の流れ

海外の外国人

海外の
日本大使館等で
「ビザ（査証）」
取得

渡航

日本到着時
の空港等で
「在留資格」
取得

入国

介護の
就労資格の
キホン

介護職として雇用できる 3種類の就労資格

▶介護の就労資格は「介護」「特定技能」「技能実習」の3種類
▶就労資格ごとに制度や技能レベルに違いがある
▶就労資格を見極めれば、自社に合った外国人を採用できる

　この章では、みなさんが実務で深くかかわる介護の就労資格について詳しくみていきます。介護の就労資格は「介護」「特定技能」「技能実習」の3種類です。

　就労資格の条件や特徴をよく理解しておくと、自社に合った外国人の採用を進めることができます。

　これら3種類の就労資格は、業務に必要とされる技能の水準で次のようにレベル分けされます（図表2−1）。

図表2−1 在留資格のレベル

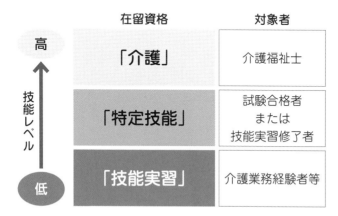

1 高度人材のための「介護」

どういう制度？

　最もレベルの高い「介護」は、日本の**介護福祉士資格**を持つ外国人のための在留資格です（2017年に運用開始）。在留期間の更新の回数に制限がなく、介護の就労資格のなかでは唯一**永続的な雇用**が可能です。また、母国の家族を呼び寄せて暮らすことや、永住権を申請することも認められています。滞在の制限が緩やかであることから、日本人に近い雇用ができる就労資格といえます。

どういう外国人を採用できる？

　「介護」で採用できるのは**介護福祉士資格**を取得している外国人です。外国人が介護福祉士資格を取得するには、主に、介護福祉士養成施設を卒業するルート（養成施設ルート）や3年以上の実務経験を経て介護福祉士国家試験に合格するルート（実務経験ルート）があります。

2 中間レベルの「特定技能」

どういう制度？

　特定技能制度[1]は、深刻な人手不足に対応するため、2019年4月に運用が開始された新たな制度です。「特定技能」で受け入れられるのは、人手不足が深刻な14分野に限定されており、介護分野はそのうちの1つです。就労期間は**最長5年**で、**技能実習からの移行**が可能です。

※1　厳密には、特定技能には「特定技能1号」とそれよりレベルの高い「特定技能2号」がある。本書では介護分野で受け入れができる「特定技能1号」を「特定技能」と称して解説している。

┃ どういう外国人を採用できる？

「特定技能」で採用できるのは、一定の技能を持ち即戦力となる外国人です。具体的には、①**所定の技能試験と日本語試験に合格して**いる外国人、もしくは②**介護職種の技能実習を３年修了**している外国人です。

3 エントリーレベルの「技能実習」

┃ どういう制度？

外国人技能実習制度は、開発途上地域の外国人に働きながら日本の技能を学んでもらい、母国の経済発展に役立ててもらう国際貢献のための制度です（特定技能と異なり、就労が目的ではありません）。技能実習の受け入れ対象は、2021年3月時点で85職種156作業あり、介護職種はそのうちの１つです（2017年に対象職種に追加）。

就労期間は**最長５年**ですが、**特定技能に移行**して継続的に雇用することが可能です。

技能実習生の受け入れは制度下の**監理団体**（●P72）を通して行うのも大きな特徴です※2。

┃ どういう外国人を採用できる？

「技能実習」で採用できるのは、**外国で介護と同種の職種に従事した経験**がある外国人※3 です。採用が決まった技能実習生は、来日前後に**一定時間数の研修・講習**を受け、日本語や介護の基礎等を学んでから入社します。

※2　団体監理型の技能実習の場合。
※3　このほか、技能実習に従事することを必要とする特別な事情がある外国人も対象になる。

受け入れ対象となる事業所は？

　技能実習生の受け入れができるのは経営が一定程度安定している事業所として**設立後3年**を経過している事業所※4です。ただし、**訪問系サービスは対象外**です。

　自社が要件をみたしているか確認しておきましょう。

介護というと高齢者向けの介護が思いあたりますが、児童福祉関係や障害福祉関係の施設、病院などでの受け入れも認められています。

・ コ ラ ム ・

EPAでの受け入れとは？

　経済連携協定（EPA）にもとづき、**インドネシア・フィリピン・ベトナム**から日本の介護福祉士の資格取得をめざす**介護福祉士候補者**を受け入れることができます（在留資格は「特定活動」）。

　しかし、介護福祉士候補者の年間の受け入れ最大人数は各国とも300名とされており、受け入れ条件も厳しいため、本書では詳しく取り上げていません。

　EPAでの受け入れは、**公益社団法人国際厚生事業団（JICWELS）**を通して行います。制度の利用を検討する際は、同機関のWebサイト（https://www.jicwels.or.jp/）で詳細をご確認ください。

※4　介護の業務が現に行われている事業所であること（介護福祉士国家試験の実務経験対象施設）。

外国人の日本語能力の
レベル

▶外国人の日本語能力は在留資格によって違いがある
▶日本語能力試験（JLPT）が日本語レベルの判断基準になる

　外国人を受け入れるにあたり、日本語能力を心配している読者は多いのではないでしょうか？　ここでは、在留資格によって日本語能力にどのくらいの違いがあるのか知っておきましょう。

日本語能力の判断基準「日本語能力試験（JLPT）」

　日本語能力試験（JLPT）は、国際交流基金が実施している世界最大規模の日本語試験です。在留資格の取得等の幅広い場面において、外国人の日本語能力の判断基準になっています。

　レベルはN1～N5があり、N1に行くほど難しくなります。ここでは、外国人介護職を雇用する際にかかわりの深いN2～N4についてその基準を紹介します（図表2－2）。

図表2-2　日本語能力試験（JLPT）の認定目安

	読む	聞く
N2	日常的な場面で使われる日本語の理解に加え、より幅広い場面で使われる日本語をある程度理解することができる	
	・幅広い話題について書かれた新聞や雑誌の記事・解説、平易な評論など、論旨が明快な文章を読んで文章の内容を理解することができる。 ・一般的な話題に関する読み物を読んで、話の流れや表現意図を理解することができる。	・日常的な場面に加えて幅広い場面で、自然に近いスピードの、まとまりのある会話やニュースを聞いて、話の流れや内容、登場人物の関係を理解したり、要旨を把握したりすることができる。

	日常的な場面で使われる日本語をある程度理解することができる	
N3	・日常的な話題について書かれた具体的な内容を表わす文章を、読んで理解することができる。 ・新聞の見出しなどから情報の概要をつかむことができる。 ・日常的な場面で目にする難易度がやや高い文章は、言い換え表現が与えられれば、要旨を理解することができる。	・日常的な場面で、やや自然に近いスピードのまとまりのある会話を聞いて、話の具体的な内容を登場人物の関係などとあわせてほぼ理解できる。
	基本的な日本語を理解することができる	
N4	・基本的な語彙や漢字を使って書かれた日常生活のなかでも身近な話題の文章を、読んで理解することができる。	・日常的な場面で、ややゆっくりと話される会話であれば、内容がほぼ理解できる。

出典：国際交流基金・日本国際教育支援協会Webサイト『日本語能力試験「N1〜N5：認定の目安」』https://www.jlpt.jp/about/levelsummary.html

同じレベルでも日本語能力が大きく異なることがあるため、実際に本人と話してみて確かめるのが一番です。

在留資格ごとの日本語能力の目安

（1）「介護」

▶ 日本語能力試験N2程度以上（養成施設の入学要件の目安）

　「介護」を取得するにあたっては、日本語能力の要件が設けられていません。

　このため目安としては「介護」の取得をめざす外国人が留学する介護福祉士養成施設の入学要件の目安（N2程度以上）が参考にな

ります（就職するのは養成施設の入学から数年先ですので、実際にはこれよりもレベルUPする可能性もあります）。

（2）「特定技能」

▶ **日本語能力試験N4以上**※ ＋ **介護日本語評価試験の合格**

「特定技能」を取得するには、基本的な日本語を理解できるレベルのN4と、介護日本語評価試験の両方に合格していることが要件です。後者の介護日本語評価試験は、介護業務に携わるうえで必要な日本語能力（介護用語など）を確認するための試験です。

（3）「技能実習」

▶ **入国時は日本語能力試験N4程度、１年後はN3程度**

入国時はN4程度が要件ですが、１年後にはN3程度が要件とされます。しかし、１年後にN3程度に満たない場合でも、当面、雇用されている事業所で介護の技能の習熟のために必要な日本語を学ぶことなどを条件に、引き続き３年目まで滞在することができます。

▌日本語能力試験の問題を解いてみよう

日本語能力試験は、①言語知識（文字・語い、文法）、②読解、③聴解の問題で構成されています。各レベルの問題を解いてみましょう。

※または国際交流基金日本語基礎テストの合格。

（1）【N4問題例】

問題（文字・語い）

＿＿＿＿＿の ことばは ひらがなで どう かきますか。１・２・３・４から いちばん いい ものを ひとつ えらんで ください。

おとうとは でんしゃで 会社に <u>通って</u> います。

１ もどって／２ かよって／３ むかって／４ わたって

（2）【N3問題例】

問題（文法）

つぎの文の（　）に入れるのに最もよいものを、１・２・３・４から一つえらびなさい。

姉は気が長いの（　　　）、妹は短気だ。

１ について／２ において／３ に対して／４ によって

（3）【N2問題例】

問題（文字・語い）

（　）に入れる最もよいものを、１・２・３・４から一つ選びなさい。

日本人の平均（　　）は、世界で最も長い。

１ 一生／２ 人生／３ 寿命／４ 生命

解答：問題（1）：2、問題（2）：3、問題（3）：3

日本語能力試験公式Webサイト『問題例に挑戦しよう』（https://www.jlpt.jp/samples/forlearners.html）にてより詳しい例をみることができます。

外国人の人員基準と夜勤のルール

▶ 在留資格によって人員基準への含め方や夜勤のルールが違う
▶ 技能実習生は実習開始6か月後に人員基準に含めることができる
▶ 技能実習生の夜勤は条件つきで可能

　人員基準に含められるまでの期間や夜勤のルールも在留資格によって異なります。

1 人員基準についての考え方

図表2-3　在留資格別　人員基準の取り扱い

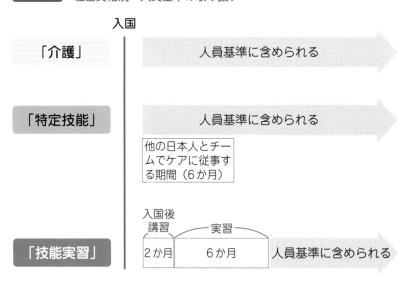

「介護」と「特定技能」は就労と**同時**に人員基準に含められますが、「技能実習」の場合は、受け入れ施設で実習を開始してから**6か月**たたないと人員基準に含められません（ただし、日本語能力試験N2を取得している人は就労開始から含められます）。

なお、「特定技能」については、上記の場合でも、6か月間は他の日本人職員とチームでケアに当たるなど、受け入れ施設における順応をサポートし、ケアの安全性を確保するための体制をとることが必要になります。

2 夜勤のルール

夜勤	「介護」	「特定技能」	「技能実習」
	○	○	条件つきで○

夜勤はすべての就労資格で可能ですが、「技能実習」だけは条件つきで可能です。

夜勤は技能実習生の負担が大きく、また、利用者の安全確保も必要となるため、「技能実習」の場合、技能実習生が1人で夜勤に入ることはできません。

このため、技能実習生に夜勤をさせる場合は、**指導できる介護職員と一緒に**業務を行わせることが必要になります※。

※このほか、夜勤を行うのは2年目以降の技能実習生に限定するなどの努力義務が業界ガイドラインに規定されている。

▶2-4

長期間雇用できる
在留資格の組み合わせ

▶在留資格を移行すれば長期間の雇用ができる
▶介護福祉士国家試験に合格できれば永続的に雇用できる

1 在留資格を組み合わせて 長期間雇用しよう

　「技能実習」と「特定技能」の就労期間はそれぞれ最長5年です。しかし、要件を満たし、よりレベルの高い在留資格に移行（変更）できれば長期間働いてもらうことが可能です。

　採用計画を立てる際には、このような可能性も含めて長期的に考えるとよいでしょう。以下に移行の方法を示します。

「技能実習」から「特定技能」に移行し、さらに5年間雇用する

　介護職種の**技能実習を3年修了**した外国人は「特定技能」に移行することができます。技能実習を3年修了した後に移行した場合は最長**8年**、技能実習を5年修了した後に移行した場合は最長**10年**の雇用が可能になります（▶P87）。

図表2-4　「技能実習」から「特定技能」への移行

「介護」に移行し、永続的に雇用する

「技能実習」や「特定技能」の外国人、あるいはアルバイトの留学生などが**3年以上**の実務経験と実務者研修を経て※**介護福祉士国家試験に合格**すると、「介護」に移行して**永続的**に働くことができます。

図表2-5　在留資格「介護」への移行

採用時には、外国人に就労期間の希望をよく確認しましょう。3年や5年で帰国したい人も少なくありません。

※介護福祉士国家試験の受験資格を得るには、実務経験3年以上＋実務者研修、あるいは実務経験3年以上＋介護職員基礎研修＋喀痰吸引等研修を経ている必要がある。

▶2-5

外国人の給与の決め方

▶就労資格の取得は"日本人と同等額以上の給与"が要件
▶最低賃金以上は支払わなければならない
▶社会保険（健康保険・厚生年金保険）の加入も必要になる

　「外国人の給与は日本人よりも低いのでは？」と考える方は多いのではないでしょうか。しかし実際は、賃金面での待遇に日本人と差を設けることはできません。

1 就労資格は "日本人と同等額以上の給与" が要件

　「介護」「特定技能」「技能実習」で雇用する場合、外国人に対して**「日本人と同等額以上」**の給与を支払うことが在留資格のルールです。給与額がこれを下回る場合は在留資格を取得することができません。

日本人と同等額以上の給与の決め方

　「日本人と同等額以上」の給与は、具体的にどのように設定すればよいでしょうか。

　もし、社内に賃金規定がある場合には、これにもとづいて決定しましょう。賃金規定がない場合には、他社の賃金を参考にして決定する必要があります。この場合、職務内容や専門性、学歴、実務経験等を考慮し、同条件の日本人の賃金を参考に決定することになります。

最低賃金以上は支払わなければならない

　最低賃金法は日本人だけでなく外国人にも適用されます。このた

め、技能実習生を含め外国人にも必ず**最低賃金以上**の額を支払うことが必要になります。

> 🔍 **補足情報** 「特定技能」と「技能実習」の給与の違い
>
> 　「特定技能」の外国人は、技能実習を3年修了した人と同等の業務経験があるとみなされます。このため、「特定技能」の外国人には技能実習生よりも高い給与を支払うことが必要になります※1。
> 　これに反する場合は在留資格が許可されません。

2 社会保険（健康保険・厚生年金保険）の加入も必要

　「外国人だから社会保険（健康保険・厚生年金保険）への加入は必要ないのでは？」と考える雇用主は多いようです。また、外国人のなかには「年をとるまで日本にいないので年金は払いたくありません」といって加入を渋る人もいます。

　しかし、社会保険の適用事業所が外国人を雇用する場合、**外国人も強制加入**※2となり、日本人と同様、給与に応じた保険料を納付する手続きが必要になります。

> 社会保険に加入していないと技能実習生の「特定技能」への移行が認められないなど、在留資格の取得に影響することがあります。

※1　技能実習から移行した特定技能外国人について、同じ施設で雇用している技能実習1号または2号の外国人と比較した場合。
※2　健康保険と厚生年金保険はセットでの加入となり、どちらか一方のみの加入はできない。

▶2-6

「介護」の受け入れに
かかる費用

▶「介護」は専門家の利用がなければ費用はわずか
▶奨学金を支援する場合は学費の負担が必要な場合も
▶奨学金支援には都道府県等の助成がある

　ここからは、2-5（●P34）で述べた給与と社会保険以外にかかる受け入れ費用について確認します。受け入れ費用は在留資格によって大きく異なるほか、同じ在留資格でも、専門家の利用の有無、国内／海外採用、採用活動の方法などによっても大きな違いが生じます。

　まずは「介護」について、おおよその費用をみてみましょう。

1 費用がかかるのは主に専門家の利用時

　「介護」は、この後述べる技能実習と違い、受け入れをサポートしてくれる監理団体などの機関がないため、採用から入社後の雇用管理までのすべてを自社が主体となって行います。このため、費用がかかるのは主に**任意で専門家を利用する場合**です。

　しかし、「介護」の在留資格手続きは比較的簡易であるため、専門家を利用せずに自社で手続きをしている施設もあります。
　また、後述する特定技能のように、受け入れた外国人に対する支援の義務もないため、**受け入れ後の費用負担も大きくありません**。

　採用時の費用については、自由な採用活動が可能なため施設ごと

の採用活動のしかたによって大きく異なります。これについては、介護福祉士養成施設との連携や就職相談会の実施等による採用活動が中心になるでしょう（●P140）。

2 奨学金支援による採用方法もある

採用活動では、留学生に**奨学金を支援**することで、卒業後の採用につなげる方法もあります（●P141）。

その場合は養成施設や日本語学校の学費等の負担が必要になりますが、都道府県等の助成を利用することで費用を抑えられる場合もあります。

図表2−6は「介護」の費用の目安です。これをみて自社で採用する場合にどのくらいかかりそうか、算出してみましょう。

図表2−6 「介護」の費用の目安

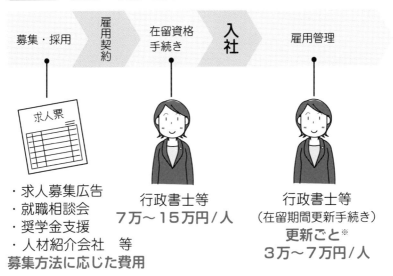

募集・採用　→　雇用契約　→　在留資格手続き　→　入社　→　雇用管理

・求人募集広告
・就職相談会
・奨学金支援
・人材紹介会社　等
募集方法に応じた費用

求人票

行政書士等
7万〜15万円/人

行政書士等
（在留期間更新手続き）
更新ごと※
3万〜7万円/人

※在留期間は5年、3年、1年または3か月。

「特定技能」の受け入れに かかる費用

▶「特定技能」は専門家の利用に費用がかかる
▶人材のあっせんを受けると費用負担が大きくなる

1 支援の委託と在留資格手続きに 費用がかかる

　特定技能では「介護」同様自社が主体となって受け入れをしていかなければなりません。このため、費用が生じるのは、必要に応じて**任意で専門家を利用する場合**です。

　「コスト節約のために専門家を利用せずに行いたい」と考える方がいるかもしれませんが、特定技能の場合、制度や手続きが大変複雑であるため、実際には難しいでしょう。

　たとえば、特定技能では受け入れた外国人に対する支援（▶P116）が必要ですが、一般の企業でこれを十分に行うのは困難なことが多くあります。このような場合は、制度上設けられている**「登録支援機関」**に支援を委託できます。しかし、これには、**月額2万円〜4万円程度の委託料が継続的にかかります**。

　在留資格手続きについても大変煩雑であるため、行政書士や登録支援機関等のサポートが必要になるケースがほとんどです。

2 人材のあっせんを受ける場合、費用負担が大きくなる

雇用している技能実習生を移行させるのではなく、新たに人材を採用する場合には、採用コストも見込んでおく必要があります。

特定技能の人材は、自社で採用するのは難しい場合も多いため、**人材紹介会社**（●P107）を利用するのも1つの方法です。しかし、この場合、紹介された人材の年収の20%〜40%程度の高額な手数料がかかることもあります。

また、ベトナムやフィリピンなどの一部の国で海外採用する場合には、現地の送出機関を通さなければならないルール（●P100）があるため、それに関する**送出機関への手数料**がかかることがあります。

図表2-7は「特定技能」の費用の目安です。これをみて自社で採用する場合にどのくらいかかりそうか、算出してみましょう。

図表2-7 特定技能の費用の目安

募集・採用	雇用契約	在留資格手続き	入社	雇用管理

| 人材紹介会社 30万〜60万円/人 | | 登録支援機関 月額2万〜4万円/人 | | |
| 海外送出機関 10万〜50万円/人 | 行政書士等 10万〜20万円/人 | | 行政書士等（在留期間更新手続き）更新ごと※ 5万〜10万円/人 | |

→このほか外国人の**住居の準備費（実費）**、**海外面接の場合の渡航費**も必要。
※在留期間は1年、6か月または4か月

▶2-8

「技能実習」の受け入れにかかる費用

▶「技能実習」は監理団体への費用がかかる
▶細かな費用が発生するため、諸費用の内訳も要チェック

1 主に監理団体への費用がかかる

　技能実習生の受け入れは、採用から帰国まで「監理団体」のサポートの下で行わなければなりません※（▶P72）。このため、監理団体に対し、**月々の監理費**（月額３万円〜５万円程度）が継続的にかかることになります。

※団体監理型の技能実習の場合

図表2-8 技能実習の費用の目安

募集・採用　雇用契約　在留資格手続き　**入社**　雇用管理　**帰国**

初期費用
50万〜80万円/人

監理団体（監理費）
月額3万〜5万円/人

諸費用
年間約7万〜10万円/人

→このほか外国人の**住居の準備費（実費）**、**海外面接の場合の渡航費**も必要。

40

2 細かな費用が発生する

　月々の監理費のほかに、採用時の**初期費用**（約50万～80万円／人）や受け入れ後の**諸費用**（年間約7万～10万円）もかかります図表2－9は費用の内訳です。

図表2－9 費用内訳（技能実習2号までの受け入れの場合）

技能実習生の雇用にかかる主な費用
（技能実習2号までの受け入れの場合）

初期費用	監理費
・送出機関事前教育費用	・組合監理費
・技能実習計画認定申請費	・送出管理費
・各国書類送付費用	**諸費用**
・実習生総合保険	**【技能実習2号移行時】**
・入国渡航費用	・技能実習評価試験料（初級）
・入国時国内交通費	・在留資格変更収入印紙代
・雇入れ前健康診断費用	・技能実習計画更新申請費
・入国後講習費用、寮費	**【技能実習2号期間更新時】**
・入国後講習手当	・在留期間更新収入印紙代
組合加入時	**【実習終了前】**
・組合加入手数料	・技能実習評価試験料（専門級）
・組合出資金	**【帰国時】**
・組合賦課金	・帰国渡航費
	・帰国時国内交通費

技能実習生の雇用はコストが抑えられるイメージですが、むしろ日本人の雇用よりもコストがかかります。

使い勝手のよい在留資格を知っておこう

雇用主の視点でメリットとデメリット（または留意点）をまとめてみました。
自社に合った在留資格を選ぶときの参考にしてください。

	「技能実習」
メリット	・転職がないため人材を確保できる ・監理団体のあっせんがあるため採用しやすい ・特定技能と合わせて最長10年の雇用が可能 ・監理団体のサポートのもとで雇用する ・入社前に日本語や技能の講習がある ・介護福祉士資格の取得で「介護」に移行可能  監理団体
デメリット （または留意点）	・海外からの受け入れに限られるため日本語能力が低い傾向 ・人員基準に含めるまでに6か月かかる ・訪問系の介護サービスは従事不可能 ・月々の監理費が継続的にかかる ・監理団体の選択が難しい ・施設開設から3年間は受け入れできない ・家族帯同が認められない ・最長5年間の雇用

「特定技能」	「介護」
・国内での採用が可能 ・雇用直後から人員基準に含められる ・技能実習と合わせて最長10年の雇用が可能 ・介護福祉士資格の取得で「介護」に移行可能 ・技能実習と異なり新設施設でも受け入れ可能	・永続的な雇用が可能 ・介護福祉士の資格取得者である ・養成施設の新卒留学生を採用できる ・訪問系の介護サービスに従事可能 ・雇用直後から人員基準に含められる ・受け入れ手続きが簡易的 ・入社後に監理費等の継続的な支出がない ・都道府県等による事業者向けの奨学金補助がある
・制度が複雑で扱いづらく、専門家を利用しないと採用や手続きが難しい ・外国人への支援の費用負担がある（登録支援機関への月々の委託料） ・新制度のため試験合格者等の採用対象者が少ない ・自社で採用活動を行うため安定的な採用が難しい ・転職の可能性がある ・訪問系の介護サービスは従事不可能 ・家族帯同が認められない ・最長5年間の雇用	・採用対象者が限定的（介護福祉士資格者のみ） ・自社で採用活動を行うため安定的な採用が難しい ・転職の可能性がある ・採用から雇用管理まですべて自社で行わなければならない 

▶ 在留資格「介護」

2017年の制度開始以来受け入れ人数は毎年大幅に増加しています。他方で、介護福祉士取得をめざして養成施設に留学する外国人も近年増加しています。

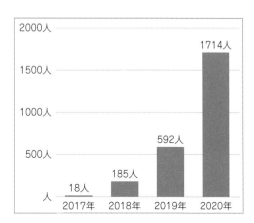

出典：出入国在留管理庁Webサイト『令和2年末現在における在留外国人数について』公表資料　2021年3月31日　https://www.moj.go.jp/isa/content/001344904.pdf

▶ 特定技能

2019年に制度開始。特定技能の試験合格者を中心に受け入れが進められてきましたが、2021年度以降は技能実習の移行者の増加が見込まれています。

出典：出入国在留管理庁Webサイト『特定技能在留外国人数の公表』https://www.moj.go.jp/isa/policies/ssw/nyuukokukanri07_00215.html　をもとに著者作成

▶ 技能実習

2017年の制度開始以降受け入れ人数は毎年飛躍的に伸びており、介護の就労資格のなかでは最も多人数での受け入れとなっています。

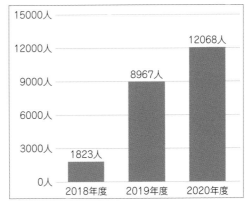

出典：外国人技能実習機構Webサイト『統計』https://www.otit.go.jp/research_toukei/　をもとに著者作成

▶ 特定活動（EPA）

2008年に制度開始。インドネシア・フィリピン・ベトナムの3か国から、それぞれ300人／年を上限として受け入れています。

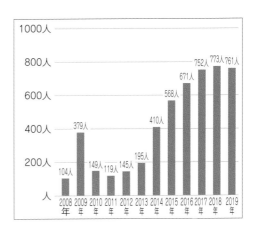

出典：厚生労働省Webサイト『経済連携協定(EPA)に基づく外国人看護師・介護福祉士候補者の受入れ概要』https://www.mhlw.go.jp/content/000639886.pdf

第2章　介護の就労資格のキホン

技能実習「医療・福祉施設給食製造」での受け入れ

　介護に関連して技能実習を実施できる職種の1つに「医療・福祉施設給食製造」という職種があります。

　医療・福祉施設給食製造の技能実習とは、医療施設や介護施設などで、医学的な管理を必要とする人の食事をつくる実習です。医師等の指導にもとづいて、食べる人の症状に応じて衛生面や栄養等に配慮してつくります。具体的には、食材原材料の下処理、炊く、茹でる、揚げる、炒める、煮る、焼く、蒸す、合える＜和える＞等の調理加工、計量、盛つけ、殺菌処理などの作業を行います。

　この職種で実習生を受け入れられる施設は原則として、医学的な管理を必要とする人の食事を継続的に**1回100食以上または1日250食以上**提供する施設であり、医療施設や福祉施設に設置される特定給食施設です。

第3章

採用手続きの
キホン

国内の外国人を採用した ときの手続き

▶自社で働ける在留資格に変更しよう
▶手続きは行政書士などの専門家に依頼することも可能

　この章では、外国人雇用で必要になる基本的な手続きについて、実務の手順に沿って解説していきます。

　在留資格によっては、固有の手続きが定められている場合もありますが、この章では外国人雇用の就労資格に**共通する手続き**を解説します（「ひと目でわかる！　外国人雇用の手順」 ●P6）。

1 自社で働ける在留資格に変更しよう

　国内で外国人を採用した場合、彼らは「技能実習」や「留学」など、すでに何らかの在留資格を持っています。彼らを雇用するには、**自社で働くときに必要となる在留資格に変更**してから雇用しなければなりません（在留資格変更許可申請）。

🔍 **補足情報** 申請が必要なケース

例① **介護福祉士の資格を持つ留学生を採用したとき**

→「留学」から「介護」への在留資格変更許可申請をする

例② **技能実習を修了した外国人を「特定技能」に移行させて継続的に雇用するとき**

→「技能実習」から「特定技能」への在留資格変更許可申請をする

---

2 専門家に依頼することも可能

在留資格の申請は、**行政書士や弁護士**[1]に取次ぎを依頼することもできます。これらの専門家には、書類作成をはじめ申請から申請結果の受領までを一括して任せることができます。

これらの専門家に依頼することで、以下のメリットがあります。

- ☑ 労力的な負担を削減できる
- ☑ 許可を得られる可能性を最大限にアップできる

なお、技能実習の場合には監理団体によるサポートを受けることができます（特定技能の場合にも登録支援機関のサポートを受けられる場合があります）。

3 在留資格変更許可申請の方法

申請する場所

申請人の**住居地**を管轄する入管

申請できる人

- ●外国人本人
- ●取次者
  - （１）受け入れ機関の職員[2]
  - （２）行政書士または弁護士[3]　　　等

※１　入管に届出をしている行政書士・弁護士にのみ申請取次を依頼することができる。全ての行政書士・弁護士が申請取次をできるわけではない。
※２　施設の職員、監理団体の職員、登録支援機関の職員等。入管に申請取次の承認を受けていることが必要。
※３　入管に届出をしていることが必要。

必要書類

外国人と雇用主の**両者の書類**が必要です。

外国人の書類	雇用主の書類
・申請書（申請人等作成用） ・証明写真 ・パスポートと在留カード ・在留資格に応じた提出書類（入管 Webサイト※4に掲載）	・申請書（所属機関等作成用） ・雇用契約書等、在留資格に応じた 提出書類（入管Webサイトに掲 載※4）

審査期間

標準審査期間は**2週間～1か月**です。

結果の受け取り方

指定期日に入管の窓口で結果を受領します。不許可の場合は在留期間内であれば再申請をすることも可能です。

4 転職者を採用したときの手続き

ここまでは、採用時点で就労可能な在留資格を持っていない留学生などを採用したときの手続きをみてきました。しかし、他の事業所からの転職者を採用する場合は、すでに介護の仕事ができる就労資格を持っていることがあります。そのような場合の手続きについても確認しておきましょう（「技能実習」は転職不可なのでありません）。

※4　https://www.moj.go.jp/isa/applications/procedures/zairyu_henko10.
　　html

「介護」の転職者の場合

　採用時点で在留期間が残っている場合は在留資格の手続きをすることなく、**現時点の在留資格のまま**で雇用することができます。在留資格の手続きは次の在留期間の更新時までありません。

　ただし、以下の手続きは必要になるので忘れずに行いましょう。

[転職時の手続き]

● 雇用主➡**ハローワークへの届出**（外国人を雇い入れた旨の届出 ▶P58）

● 外国人➡**入管への「契約機関に関する届出」**（転職した旨の届出 ▶P62）

「特定技能」の転職者の場合

　「特定技能」は「介護」と異なり、勤務先とひもづけられている在留資格です。つまり、転職者が採用時点で持っている在留資格は前勤務先に限って働くことが認められている在留資格です。

　したがって、自社で雇用するには、必ず**自社で働くための許可**を得てから雇用を開始しなければなりません。

　この際に必要となる手続きは、**在留資格変更許可申請**です。この手続きを経ずに雇用してしまうと**重大な法令違反**となってしまうので注意が必要です。

「特定技能」の転職者は、在留期間が残っていても必ず在留資格変更の手続きが必要になるので注意しましょう。

海外の外国人を採用した ときの手続き

▶呼び寄せの手続き（在留資格認定証明書交付申請）をしよう
▶外国人本人が海外でビザ（査証）手続きをすることも必要

1 海外の外国人を呼び寄せる手続き

　海外の外国人を採用したときには在留資格を新規に取得しなければなりません。この場合、雇用主が**在留資格認定証明書交付申請**という海外の外国人を呼び寄せる手続きをすることが必要です。

　この手続きも在留資格変更の申請と同様に、行政書士などに申請の代行を依頼することが可能です。

🔍補足情報 申請が必要なケース

例① 技能実習生をインドネシアから受け入れる場合
→「技能実習」の在留資格認定証明書交付申請をする

例②「特定技能」で雇用する外国人をベトナムで採用した場合
→「特定技能」の在留資格認定証明書交付申請をする

---

2 在留資格認定証明書交付申請の方法

申請する場所

居住予定地、受け入れ施設の**所在地を管轄**する入管。

申請できる人

- 受け入れ施設の職員（技能実習の場合は監理団体）
- 外国人本人（「短期滞在」等で来日している場合）
- 取次者
  （1）行政書士または弁護士※1
  （2）登録支援機関の職員※2　　等

必要書類

外国人と雇用主の両者の書類が必要です。

外国人の書類	雇用主の書類
・申請書（申請人等作成用） ・証明写真 ・パスポートと在留カード ・在留資格に応じた提出書類（入管Webサイト※3掲載）	・申請書（所属機関等作成用） ・雇用契約書等、在留資格に応じた提出書類（入管Webサイト※3に掲載）

審査期間

標準審査期間は**1か月～3か月**です。

結果の受け取り方

　許可の場合は**在留資格認定証明書**が郵送されるので、**原本を海外の外国人に郵送**します（来日までの流れは●P54参照）。

　不許可の場合は不許可通知書が郵送されます。後日、再申請をすることも可能です。

※1　入管に届出をしている者。
※2　入管に申請取次の承認を受けている者。
※3　https://www.moj.go.jp/isa/applications/procedures/zairyu_nintei10.html

3 外国人の来日手続きの流れ

　「在留資格認定証明書」が交付されたら海外の外国人に原本を郵送します。その後は現地の日本大使館などで**外国人本人によるビザ（査証）申請**が必要です。

　最後に、外国人の来日手続きの流れについて全体を通してみてみましょう。

日本

❶
呼び寄せの手続き
（在留資格認定証明書交付申請）

雇用主が海外にいる外国人の代理人として、呼び寄せの手続き（在留資格認定証明書交付申請）をします。

❷
証明書を外国人に郵送

許可を得ると在留資格認定証明書が交付されます。原本を海外にいる外国人に郵送します。

海外

❸
ビザ（査証）申請

在留資格認定証明書を受け取った外国人は海外の日本大使館等でビザ（査証）申請をします。

第1章の「在留資格とビザの違い●P20」を読んでおくと手続きの流れがよくわかります。

⑤
入国審査
日本到着時の空港や港で入国審査を受け、入国の許可が下りると在留資格が付与されます。

⑥
入国・就労開始
在留資格を取得した日から就労を開始できます。

④
日本に渡航
在留資格認定証明書の有効期限内（通常3か月以内）に来日します。

在留期間の更新手続き

▶在留期限までに更新をしないと雇用を続けられない
▶雇用主側でも在留期限の管理をしよう

　在留資格を取得した後、在留期限が近づいたら在留期間の更新が必要です。在留期限を1日でも過ぎるとオーバーステイ（不法滞在）となり、そのまま雇用を続けると**不法就労助長罪**（▶P18）となります。そのため、雇用主側でも**在留期限の管理**をし、確実に手続きを行いましょう。

1 更新手続きの頻度

　より長い在留期間を取得する外国人ほど、更新手続きの頻度は少なくなります。取得できる在留期間は在留資格や個々の状況で異なります。

　[取得できる在留期間]
　　・「介護」………5年、3年、1年または3か月
　　・「特定技能」…1年、6か月または4か月
　　・「技能実習」…法務大臣が個々に指定する期間（1年または2年を超えない範囲）

2 申請の方法

申請のタイミング

　在留期限の**3か月前**から申請が可能です。万一不許可になった場合に在留期間内に再申請できるよう、余裕をもって申請するようにしましょう。

申請する場所

住居地を管轄する入管

申請できる人

- 外国人本人
- 取次者
  - （1）受け入れ機関の職員※1
  - （2）行政書士または弁護士※2　　等

必要書類

外国人と雇用主の両者の書類が必要です。

外国人の書類	雇用主の書類
・申請書（申請人等作成用） ・証明写真 ・パスポートと在留カード ・在留資格に応じた提出書類（入管Webサイト※3に掲載）	・申請書（所属機関等作成用） ・在留資格に応じた提出書類（入管Webサイト※3に掲載）

審査期間

標準審査期間は**2週間～1か月**です。

結果の受け取り方

　指定期日に入管の窓口で結果を受領します。不許可の場合は在留期間内であれば再申請をすることも可能です。

※1　施設の職員、監理団体の職員、登録支援機関の職員等。入管に申請取次の承認を受けていることが必要。
※2　入管に届出をしていることが必要。
※3　https://www.moj.go.jp/isa/applications/procedures/shin_zairyu_koshin10_01.html

▶3-4

雇入れ時のハローワークへの届出の方法

▶雇入れ時と離職時にはハローワークへの届出が必要
▶届出をしないと30万円の罰金が科されることがある
▶届出方法は雇用保険の被保険者か否かで異なる

外国人を雇入れたら、ハローワークへの届出をしなければなりません。届出をしない場合、罰金などのペナルティもあります。

1 届出をするのはどんなとき？

外国人を雇用する全ての事業主は法令にもとづき、外国人の**雇入れ時と離職時**に、その氏名や在留資格などについてハローワークに届け出ることが義務づけられています（「外交」「公用」と「特別永住者」〈在日韓国・朝鮮人等〉の外国人は除く）。

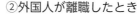
届出が必要なケース

①外国人を**雇入れた**とき　　②外国人が**離職した**とき

入社　　　　　　　　　　　　離職

> 🔍 **補足情報** 届出をしないと30万円以下の罰金も

　届出を怠ると、**30万円以下の罰金**が科されることがあります。
　また、ハローワークへの届出の情報は入管にも共有されるため、手続きを怠ると雇用機関として**マイナス評価**を受け、従業員の在留資格手続きに影響することもあります。

　ハローワークへの届出は、永住者などの就労制限のない外国人やアルバイトの外国人も対象となるので注意しましょう。

② 届出方法

　届出の対象となる外国人が**雇用保険の被保険者となるか否か**によって、使用する様式、届出先のハローワーク、届出の提出期限が異なります。詳細は以下を参照してください。
　　①雇用保険の被保険者<u>となる</u>外国人（正社員など）を雇入れたとき（▶P60）
　　②雇用保険の被保険者<u>とならない</u>外国人（アルバイトなど）を雇入れたとき（▶P61）

> 🔍 **補足情報**

　外国人雇用状況届出の申請は**オンライン**でもすることができます（「外国人雇用状況届出システム」で検索）。

①雇用保険の被保険者となる外国人を雇入れたとき

- **届出方法**：**雇用保険被保険者資格取得届の17～23の欄**に記入することで届出を行ったことになる。
- **届出先**：事業施設を管轄するハローワーク
- **届出期限**：被保険者となった翌月10日まで

図表3-1 雇用保険被保険者資格取得届

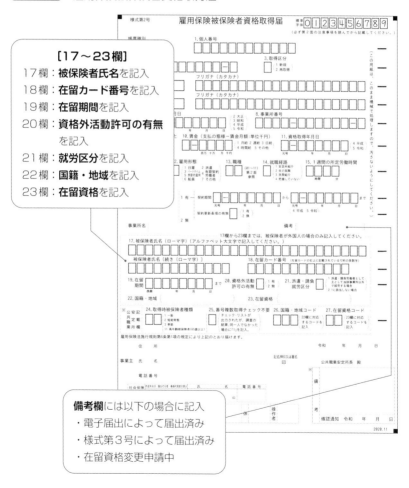

[17～23欄]

17欄：**被保険者氏名**を記入
18欄：**在留カード番号**を記入
19欄：**在留期間**を記入
20欄：**資格外活動許可の有無**を記入
21欄：**就労区分**を記入
22欄：**国籍・地域**を記入
23欄：**在留資格**を記入

備考欄には以下の場合に記入
・電子届出によって届出済み
・様式第3号によって届出済み
・在留資格変更申請中

②雇用保険の被保険者<u>とならない</u>外国人を雇入れたとき

- **届出方法**：**外国人雇用状況届出書**（様式第３号）の提出が必要。
- **届出先**：勤務する事業施設の住所を管轄するハローワーク
- **届出期限**：雇用契約を交わした翌月末日まで

図表３－２ 外国人雇用状況届出書（様式第３号）

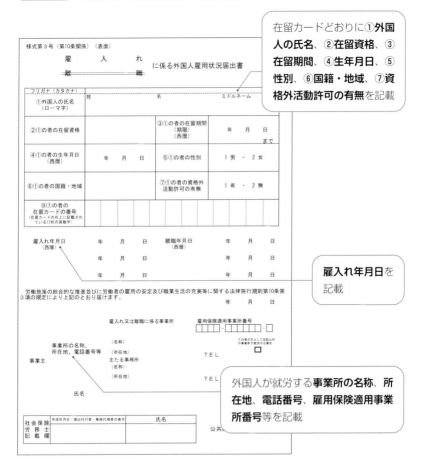

在留カードどおりに①**外国人の氏名**、②**在留資格**、③**在留期間**、④**生年月日**、⑤**性別**、⑥**国籍・地域**、⑦**資格外活動許可の有無**を記載

雇入れ年月日を記載

外国人が就労する**事業所の名称、所在地、電話番号、雇用保険適用事業所番号**等を記載

外国人の届出も指導しよう

　入社後の届出の義務は、雇用主だけでなく外国人にもあります。外国人が届出義務を怠ると在留期間の更新の際に許可を得られず**就労を続けられなくなる**こともあるため確実に行うことが必要です。

　届出についてよく知らない外国人も多いですので、外国人だけに任せず**雇用主が指導**することも必要です。

　どのようなときに、どのような届出が必要になるのか知っておきましょう。

1．退職、転職、所属機関の名称・所在地変更があったとき

　就労資格を持って働く外国人は、①退職したとき、②転職したとき、③所属機関の名称変更・所在地変更・消滅があったときには、**14日以内**に居住地を管轄する**入管**に「所属（活動／契約）機関に関する届出」をする必要があります。

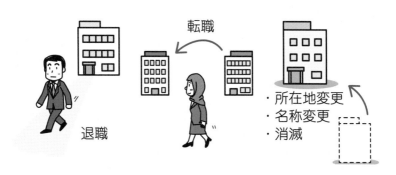

2. 転居したときや新規に入国したとき

外国人が転居したときや新たに入国したときなどには、**14日以内**に住居地の**市区町村**に届出をする必要があります。

90日以内に届出を行わない場合は、在留資格の**取り消しの対象**となるので注意が必要です。

3. 在留カードの記載事項（氏名・国籍等）に変更があったとき

結婚により氏名が変わったときなど、住居地以外の在留カードの記載事項（氏名、国籍等）に変更があったときには、**14日以内**に居住地を管轄する**入管**に「住居地以外の在留カード記載事項の変更届出」をする必要があります。

4. 在留カードを紛失したとき

在留カードを紛失したときには、**14日以内**に住居地を管轄する**入管**で「在留カードの再交付申請」をする必要があります。

詳細や届出の記載例などは入管Webサイト『出入国管理及び難民認定法関係手続』をご覧ください。

http://www.moj.go.jp/isa/applications/procedures/index.html

受け入れ後の注意点

▶在留資格のルールを守って雇用する
▶労働基準法などの労働関係法令は外国人にも適用される
▶社会保険の手続きは日本人と同様に必要になる

1 受け入れ後の注意点を知っておこう

　外国人雇用で遵守しなければならない主な法令は、**入管法**と**労働関係法令**です。これらの法令に違反すると**外国人の受け入れができなくなってしまう**こともあるので、必ず遵守しましょう（受け入れ停止のペナルティ ▶P85）。以下は、法令にもとづいた重要な注意点です。

在留資格のルールを守って雇用する（入管法）

　"在留資格のルール＝入管法"であることは、本書のはじめに示したとおりです。このルールは在留資格を取得するときだけでなく、受け入れ後も遵守しなければなりません。たとえば、以下のような点です。

- ☑　外国人の**報酬を日本人と同等以上**にすること
- ☑　在留資格で**認められた範囲の業務**に従事すること（介護の就労資格の場合、介護に関する仕事以外は×）
- ☑　届出等の**必要な手続き**を行うこと　など

　また、在留資格の取得時に申告した内容（労働条件等）から逸脱する場合には、ルール違反にならないかどうか事前に入管や行政書士などに相談するとよいでしょう。

労働関係法令を守って雇用する

労働基準法をはじめとする労働者に関する法令[1]は、**日本人と同様に適用**されます。このため、外国人だからといって労働条件面で差別することが禁止されているほか、最低賃金を遵守することや安全衛生を確保することなどの対応も必要になります。

また、社会保険（健康保険・厚生年金保険）や労働保険（労災保険・雇用保険）についても、日本人と同様の適用手続きが必要です。

🔍補足情報 外国人の年金に関する制度

年金保険については、短期間で帰国する外国人等の支払った年金が掛け捨てにならないよう、年金保険料の払い戻しをする制度（**脱退一時金制度**）が設けられています。国籍[2]によっては、日本の年金制度との二重加入を防止するための制度（**社会保障協定**）を利用することができます。

労働法や社会保険については社会保険労務士が専門です。わからないことがあるときには相談するとよいでしょう

※1　最低賃金法、労働安全衛生法、労災保険法、雇用保険法、健康保険法、厚生年金法など。
※2　社会保障協定発行済み国（2022年2月1日現在）
　　　ドイツ、イギリス、韓国、アメリカ、ベルギー、フランス、カナダ、オーストラリア、オランダ、チェコ、スペイン、アイルランド、ブラジル、スイス、ハンガリー、インド、ルクセンブルク、フィリピン、スロバキア、中国、フィンランド

　国は、外国人が安心して働き、能力を十分に発揮する環境が確保されるよう、雇用主が行うべき事項を定めた指針（外国人雇用管理指針※）を示しています。大まかな内容は以下のようなものです。

　この指針の全文は、厚生労働省Webサイトで参照できます。

※「外国人労働者の雇用管理の改善等に関して事業主が適切に対処するための指針」
https://www.mhlw.go.jp/stf/seisakunitsuite/bunya/koyou_roudou/koyou/gaikokujin/index.html

【外国人雇用指針の主な内容】

●外国人労働者の募集及び採用の適正化

・募集にあたり、外国人が理解できる方法で労働条件について書面で明示する
・国籍で差別しない公平な採用選考を行う
・在留資格の範囲内で採用する　など

●適正な労働条件の確保

・国籍を理由として、賃金、労働時間等の労働条件について、差別的取り扱いをしない
・労働契約の締結に際し、労働条件について、書面の交付等により明示する
・最低賃金額以上の賃金を支払うとともに、基本給、割増賃金等の賃金を全額支払う
・法定労働時間の遵守等、適正な労働時間の管理を行うとともに、時間外・休日労働の削減に努める
・外国人の旅券、在留カード等を保管しない　など

●安全衛生の確保

・外国人が理解できる方法で安全衛生教育を行う
・健康診断、面接指導、ストレスチェックを実施する　など
・女性である外国人に対し、産前産後休業、妊娠中及び出産後の健康管理に関する措置等、必要な措置を講ずる

●労働・社会保険の適用等

・保険の制度や請求手続きなどについて、外国人が理解できる方法で周知し、適用手続きを行う
・保険給付の請求等についての援助をする　　　など

●適切な人事管理、教育訓練、福利厚生等

・社内規程等の多言語化等、円滑なコミュニケーションの前提となる環境の整備
・資質、能力等の社員像の明確化等、能力発揮しやすい環境の整備
・外国人の苦情や相談を受け付ける窓口の設置　　　など

●解雇等の予防及び再就職の援助

・外国人に対して安易な解雇・雇止めを行わない
・事業主の都合により離職する場合、必要な再就職の援助を行う　など

●外国人労働者の雇用労務責任者の選任

・外国人労働者を常時10人以上雇用するときは、人事課長等を雇用労務責任者として選任する

オンライン申請も利用できる

就労資格（「介護」「特定技能」「技能実習」）の手続きは、入管の窓口のほか、オンラインによる申請も可能です。

オンライン申請を利用するには、所属機関が事前に会社所在地の最寄りの入管で**利用申出**をすることが必要です。

利用申出の承認を受けるには、5年以内に出入国や労働関係の法律で罰せられていないことや入管法等で求められている届出を適切に行っていることなど、所定の要件を満たす必要があります。

●利用できる人

①外国人の所属機関の職員※１

②弁護士・行政書士※２

●対象となる手続き

（1） 在留資格認定証明書交付申請

（2） 在留資格変更許可申請

（3） 在留期間更新許可申請

（4） 在留資格取得許可申請

（5） 就労資格証明書交付申請

（6） （2）〜（4）と同時に行う再入国申請

（7） （2）〜（4）と同時に行う資格外活動許可申請

※１ 技能実習（団体監理型）の場合は、監理団体の職員。受け入れ施設の職員は利用対象者に含まれない。

※２ 外国人の所属機関から依頼を受けた者。

「技能実習」で
採用しよう

「技能実習」の採用手順を確認しよう

　技能実習生の受け入れは、必ず「監理団体」に加入し、採用から実習の終了まで監理団体のサポートのもとで行います。技能実習生の受

専門家

監理団体

受け入れ手順

① 募集・採用

② 雇用契約

③ 在留資格手続き（▶P 52）

④ 入社※

技能実習の手続き

・監理団体への加入（▽P 72）
・採用面接（現地またはWeb）

・技能実習計画の作成・認定（▶P 78）
・技能実習責任者等の配置（▶P 80）
・宿舎等の準備（▶P 80）

監理団体のあっせんを受けて、技能実習生を海外で採用します。

技能実習生の受け入れ準備を進めます。具体的には、①監理団体の指導の下で技能実習計画を作成して認定を受けること、②技能実習責任者の適任者を選任すること、③技能実習生のために適切な宿舎の準備をすることが必要です。

※実習生は来日直後、監理団体で**1〜2か月の講習**を受けてから実習を開始する。

け入れ方式には、「団体監理型」と、「企業単独型」があります。本書では、全体の利用の大部分を占める団体監理型について解説しています。

❺ ハローワークへの届出（▶P 58）

❻ 雇用管理（▶P 64）

❼ 在留期間の更新（▶P 56）

・実習開始の届出（▶P 84）
・技能実習計画の実施（▶P 84）
・実習実施状況の報告（▶P 84）

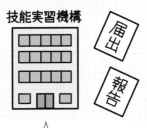

技能実習を開始したら、すぐに外国人技能実習機構に届出をします。技能実習は、業務内容や作業時間など、あらかじめ作成した技能実習計画のとおりに実施します。毎年1回、実習実施状況の報告書を提出することも必要です。

技能実習の採用ルールを確認しよう

▶訪問介護での採用はNG
▶技能実習生は監理団体のあっせんを受けて採用する
▶監理団体のほかに海外送出機関も通して受け入れる

　本書の後半では、介護の就労資格「技能実習」「特定技能」「介護」の採用についてそれぞれ詳しくみていきましょう。

　最初に取り上げる「技能実習」は、現在一番人気の就労資格です。採用から帰国まで一貫して監理団体のサポートを受けられるため、外国人雇用の初心者でもスムーズに受け入れることができます。

1 採用のルール

訪問介護での採用はNG

　技能実習生は、訪問介護等の**訪問サービスには従事させることができません**。利用者の自宅で行う訪問介護では、適切な指導体制を取ることや、利用者と実習生の両者の人権を守ることが難しい場合があるためです。

監理団体のあっせんを受ける

　技能実習生は自社で募集・採用することはできず、制度下の**監理団体**※のあっせんを受けて採用するのがルールです。技能実習で受け入れることが決まったら、まずは自社に合う監理団体を選んで加入することから始めましょう。

※監理団体は事業協同組合等の非営利団体により、主務大臣（法務大臣、厚生労働大臣）の許可の下で運営されている。

監理団体の役割	
●技能実習計画の作成指導	●採用面接（現地／Web）のサポート
●入国に関する申請・事務手続き	●技能実習生の入国後の講習
●日本での生活のフォロー	●受け入れ施設に対する定期監査

2 採用の流れ

　以下は、技能実習生の採用の流れです。監理団体のほかに監理団体が契約している**海外送出機関**も通して受け入れます。

図表4-1 技能実習生の採用の流れ

（採用から配属までの期間：約7か月〜1年4か月）

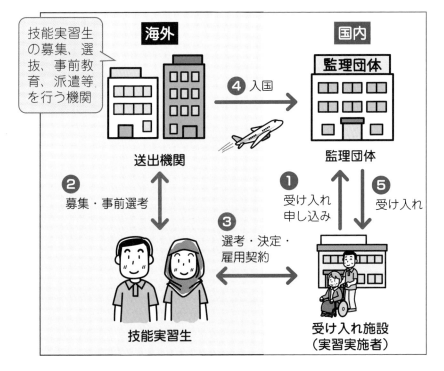

第4章 「技能実習」で採用しよう

具体的な受け入れの流れは以下の通りです。

①受け入れ申し込み

監理団体に加入し、技能実習生の受け入れ申込みをする

②募集・事前選考

監理団体と契約している海外送出機関が現地で技能実習生を募集、事前選考をする

③選考・決定・雇用契約

監理団体のサポートのもと、受け入れ施設の担当者が技能実習生と面接（現地またはWeb）をして採用を決める

④入国

在留資格の許可を得て技能実習生が来日。技能実習生は入社前に監理団体で1〜2か月の講習を受ける

⑤実習開始

技能実習生を受け入れ、実習を開始する

補足情報 技能実習生の人数枠

事業所の常勤介護職員の総数	一般の実習実施者		優良な実習実施者	
	1号	全体（1・2号）	1号	全体（1・2・3号）
1	1	1	1	1
2	1	2	2	2
3〜10	1	3	2	3〜10
11〜20	2	6	4	11〜20
21〜30	3	9	6	21〜30
31〜40	4	12	8	31〜40
41〜50	5	15	10	41〜50
51〜71	6	18	12	51〜71
72〜100	6	18	12	72
101〜119	10	30	20	101〜119
120〜200	10	30	20	120
201〜300	15	45	30	180
301〜	常勤介護職員の20分の1	常勤介護職員の20分の3	常勤介護職員の10分の1	常勤介護職員の5分の3

出典：厚生労働省社会援護局『技能実習「介護」における固有要件について』
https://www.mhlw.go.jp/file/06-Seisakujouhou-12000000-
Shakaiengokyoku-Shakai/0000182392.pdf

　技能実習生の人数枠は、事業所単位で常勤介護職員の総数に応じて設定されています。また、技能実習生の総数が事業所の常勤介護職員の総数を超えることができません。

　また、図表内の"優良な実習実施者"とは、ポイント制（●P86）で優良の基準を満たした受け入れ施設のことです。優良な受け入れ施設と認定されると、**通常よりも多くの人数**を受け入れられるようになります。

自社に合った監理団体を選ぼう

▶「優良な監理団体」を選ぶと最長5年間の実習が可能になる
▶監理団体の受け入れ実績や海外送出機関もチェックしよう

　技能実習を成功させるには、自社のニーズに合った監理団体を選ぶことが重要です。監理団体を選ぶときの6つのポイントを紹介します。

1 「優良な監理団体」の許可で選ぶ

　一定の要件を満たす監理団体は**優良な監理団体**（一般監理事業監理団体）として許可されています。優良な監理団体に加入し、受け入れ施設（自社）も優良と認められると、**最長5年間**の実習が可能となるほか、**受け入れ人数枠も拡大**されます（人数枠●P75、優良の基準●P86）。

　優良な監理団体の許可の有無は、外国人技能実習機構のWebサイト※内の「監理団体の検索」で確認できます。

2 実績で選ぶ

　介護特有の問題への対応や、受け入れ後のフォローを十分にしてもらえるよう、介護職種の技能実習生の受け入れ実績がある監理団体を選ぶとよいでしょう。

　介護についての考え方や、介護分野への参入理由、経緯なども確

※https://www.otit.go.jp/search_kanri/

認しておくと安心です。

③ 海外送出機関で選ぶ

　自社が採用面接をする技能実習生は現地の送出機関が募集・事前選考した人材です。しかし、受け入れ施設は送出機関を自由に選ぶことができません。自社が加入している監理団体が契約している送出機関を自動的に利用することになるためです。

　これを考慮すると、自社のニーズに合った募集・選考を行っている送出機関と契約している監理団体を選ぶことも重要です。

④ サポート内容で選ぶ

　監理団体が提供しているサポート内容は団体によって異なります。受け入れ施設と技能実習生それぞれがどのようなサポートを受けられるのか、事前に確認しておくことが必要です。

⑤ 地域で選ぶ

　監理団体は全国から選ぶことができます。しかし、問題が生じた際に迅速かつ十分な対応をしてもらうには、距離的な面も考慮することが必要です。

⑥ 監理費用で選ぶ

　監理費用は技能実習生を受け入れている間、継続的にかかる費用です。提供するサービスに対して適切な監理費用を設定している監理団体を選ぶことが重要です。

技能実習生の
受け入れ準備をしよう

▶技能実習計画を作成して認定を受ける必要がある
▶社内から技能実習責任者や技能実習指導員などを選ぶ
▶技能実習生のための宿舎や備品を準備する

　監理団体のサポートで技能実習生を採用できたら、受け入れ準備を進めます。必要な準備は、①技能実習計画の作成・認定、②技能実習責任者の選任、③技能実習生の宿舎の準備です。

1 技能実習計画の作成と認定

技能実習計画を作成する

　技能実習生の採用が決まったら、監理団体の指導を受けながら**「技能実習計画」**を作成します。技能実習計画は技能実習生ごとに作成し、受け入れ後はこれに沿って実習を行わなければなりません。

技能実習計画に記載すること

　技能実習計画に記載するのは、技能実習の具体的なスケジュール、カリキュラム、指導体制、また、修得状況を確認するための技能実習評価試験合格などの目標です。

　「技能実習実施計画書モデル例」が厚生労働省のWebサイト※で公開されているので参考にするとよいでしょう。

※ https://www.mhlw.go.jp/file/06-Seisakujouhou-11800000-Shokugyounou
　ryokukaihatsukyoku/0000192493.pdf

技能実習計画の認定を受ける

　技能実習計画を作成したら、計画が適当である旨の認定を受けます。計画の認定は、**「外国人技能実習機構」**（図表４−２参照）が行います。

図表４−２　技能実習計画の認定の流れ

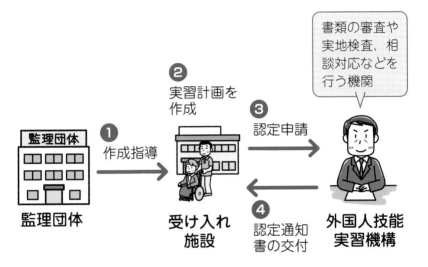

※実習計画の認定を受けた後は、在留資格の手続きを進める（監理団体に委託可）

2 社内からの技能実習責任者等の選定

　技能実習生を受け入れるには、社内から**技能実習責任者・技能実習指導員・生活指導員**を選び配置しなければなりません（技能実習責任者は技能実習指導員・生活指導員との兼務も可能）。

　それぞれの仕事内容と要件は**図表４－３**のとおりです。

図表４－３　技能実習責任者等の役割と要件

名称	主な仕事内容	主な要件
技能実習責任者	・技能実習指導員、生活指導員の監督 ・技能実習の進捗状況全般の統括管理	・技能実習指導員、生活指導員等を監督できる立場にあること ・過去３年以内に技能実習責任者講習を修了していること 　　　　　　　　　　など
技能実習指導員	技能実習の指導	介護等の技能等について**５年**以上の経験をもつ者の中から、技能実習生**５名につき１名**以上選任。そのうち１名以上は**介護福祉士等**であること 　　　　　　　　　　など
生活指導員	技能実習生の生活指導	技能実習を行う事業所に所属していること

3 技能実習生の宿舎の準備

　技能実習生を受け入れるには、監理団体と連携して**適切な住居**を確保しなければなりません。適切な住居とみなされるには、**図表４－４**の要件を満たしていることが必要です。

図表4-4 住居の要件

1	宿舎は火災による危険のある場所、衛生上有害な作業現場、被災の恐れがある場所などの付近を避けること
2	寝室が2階以上にある場合は、簡単に屋外に通じる階段を2か所以上設けること
3	十分な消火設備を設置していること
4	寝室は一人ひとりの十分なスペース（1人4.5㎡以上）を確保し、日当たりが良く、採暖の設備を設けること
5	就眠時間が違う2組以上の技能実習生がいる場合、寝室を別にすること
6	食堂や炊事場は衛生環境を整備し、病害虫を防ぐこと
7	トイレ、洗面所、洗濯場、浴場を設置し、清潔にすること
8	宿泊施設が労働基準法にもとづく「事業の附属寄宿舎」に該当する場合は、所定の届出等を行っていること
9	共用部分を消毒するなどの衛生管理を行い、感染症の発生・まん延を防止すること

🔍補足情報 費用負担のルール

食費、居住費など

　食費、居住費などを技能実習生に負担してもらう場合は、食事や宿泊施設などを十分理解してもらったうえで合意する必要があります。その費用は実費とするなど、適正であることも必要です。

監理費

　監理団体から徴収される監理費は、直接的にも間接的にも技能実習生に負担させることはできません。

帰国旅費

　帰国旅費は監理団体または受け入れ施設が全額負担します。

▶ 4-4

技能実習の進め方と 必要な手続きを確認しよう

▶技能実習生は監理団体での講習を受けてから入社する
▶技能実習は技能実習計画どおりに進める必要がある
▶法令違反をすると受け入れ停止になることがある

　準備ができたら、いよいよ技能実習生の受け入れです。技能実習の進め方をはじめ、必要な手続きや注意点を確認しましょう。

■1 技能実習の進め方

監理団体による講習を受けてから入社

　技能実習生は、入国当初からの１〜２か月間、監理団体による**講習**（座学）を受講します。その際に学ぶのは、日本語や日本の生活の知識、労働関係法令等の知識、技能に関する知識です。

　講習中は技能実習生を業務に従事させることはできません。

　また、入国前に一定の講習を受けている場合は、講習期間を短縮することができます。

実習のレベルは３段階

　技能実習は、**技能実習１号**（１年目）、**技能実習２号**（２・３年目）、**技能実習３号**（４・５年目）※の順にレベルを上げます。レベルUPするには、各段階の目標である技能試験や学科試験に合格することが必要です。

※各段階の在留資格は、「技能実習１号ロ」「技能実習２号ロ」「技能実習３号ロ」となり、段階を進める際には在留資格の変更が必要になる。

補足情報 技能実習2号に進むにはN3が要件

　技能実習生の日本語能力は入国時にはN4程度が要件ですが、1年後の技能実習2号への移行時には**N3程度**が要件になります。

　ただし、N3に満たない場合でも「介護事業所のもとで実習等の適切な習熟のために必要な日本語を継続して学ぶこと」などの条件を満たすことで移行が認められます。

技能実習3号ができるのは"優良"な受け入れ施設のみ

　技能実習3号の実習（最長5年）ができるのは、受け入れ施設と監理団体の双方が"優良"の基準を満たしている場合に限られます。それ以外は、技能実習2号まで（最長3年）の実施になります。

図表4-5 技能実習の流れ

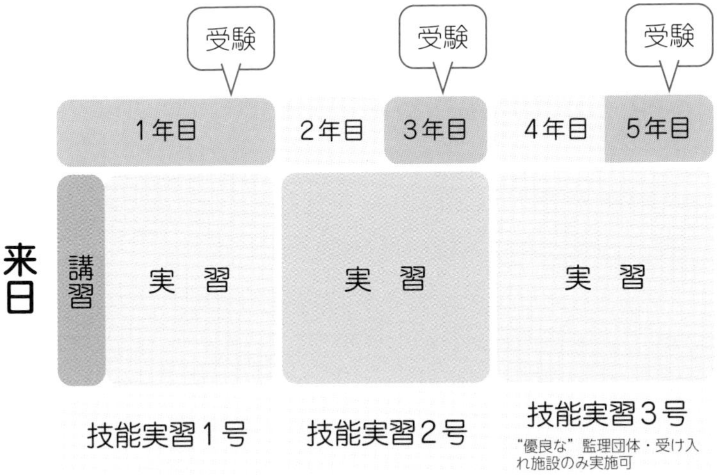

※技能実習3号に移行する場合、技能実習2号修了後に1か月以上、もしくは技能実習3号開始後1年以内に1か月以上1年未満、一旦帰国する必要がある。

2 受け入れ後の手続き

実習開始の届出

実習を開始したらすぐに技能実習機構に届出をします。

帳簿書類の作成

実習期間中、技能実習生に従事させた業務などを記載した技能実習日誌等の帳簿書類を作成します。

実習実施状況の報告

監理団体の指導を受けて、実習実施状況に関する報告書を作成し、毎年1回、技能実習機構に提出します。

3 受け入れ後の注意点

①技能実習計画に沿って行う

技能実習は、必ず事前に認定を受けた**技能実習計画に沿って**行わなければなりません。計画とは異なる作業内容や作業時間数で実習を行わせることなどは認められません。

罰則：改善命令を受け、事業者名等が公表されることがあります。適切に改善できない場合は、技能実習計画の認定が取り消される場合があります。また、6か月以下の懲役または30万円以下の罰金の対象となります。

②労働関係法令や技能実習法などを遵守する

労働時間や休日、賃金などについて労働関係法令を遵守しなければなりません。このほか、技能実習法と入管法も遵守することが必

要です。

罰則：①の場合と同様の罰則があります。

③技能実習生の人権侵害行為がないようにする

　暴行などによる技能実習の強制、パスポート・在留カードの保管などの人権侵害行為は禁止されています。

罰則：技能実習の強制をした場合は、１年以上10年以下の懲役または20万円以上300万円以下の罰金の対象、パスポートや在留カードを保管した場合は、６か月以下の懲役または30万円以下の罰金の対象になります。

アドバイス

受け入れ停止の厳しいペナルティもある

　技能実習計画に沿って技能実習を行わなかったり、入管法や労働関係法令などに違反したりすると、技能実習計画の認定が取り消されることがあります。

　認定が取り消されると、現時点の技能実習を継続できなくなるだけでなく、**向こう５年間、技能実習だけでなく特定技能でも受け入れができなくなる**のです。

　厳しいペナルティを受けることがないよう、法令遵守は大変重要です。

技能実習生を
長期間雇用しよう

▶"優良"の基準を満たせば5年間の技能実習が可能になる
▶他の在留資格に移行する方法も活用しよう

　技能実習では、日本で働ける期間は限られています。しかし、要件を満たすことでより長く働いてもらうことも可能です。

1　"優良"の基準を満たして技能実習3号まで実施する

　受け入れ施設（自社）と監理団体の双方が"優良"の基準を満たすと、技能実習3号まで実施でき、5年間雇用することが可能です。
　受け入れ施設が優良と認められるには、以下の要件を**ポイント制**で6割以上満たすことが必要です。

優良な受け入れ施設の要件
　（1）技能等の修得等に係る実績（70点）
　（2）技能実習を行わせる体制（15点）
　（3）技能実習生の待遇（10点）
　（4）法令違反・問題の発生状況（5点（違反は大幅減点））
　（5）相談・支援体制（45点）
　（6）地域社会との共生（10点）

2 他の在留資格に移行する

2号または3号修了後に「特定技能」に移行する

　介護職種の技能実習2号を修了している外国人は、「特定技能」に移行することができます（要件詳細▶P94）。

　したがって、技能実習2号修了後に移行した場合は**最長8年**、技能実習3号修了後に移行した場合は**最長10年**の雇用が可能です。

　また、すでに帰国した技能実習生も、技能実習2号修了者であれば「特定技能」を取得し、再来日することができます。

図表4-6　技能実習から特定技能への移行例

移行パターン1（技能実習2号修了後の移行）

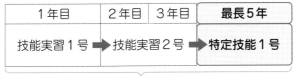

1年目	2年目	3年目	**最長5年**
技能実習1号 ➡	技能実習2号 ➡		**特定技能1号**

最長8年

移行パターン2（技能実習3号修了後の移行）

1年目	2年目	3年目	4年目	5年目	**最長5年**
技能実習1号 ➡	技能実習2号 ➡		技能実習3号 ➡		**特定技能1号**

最長10年

　ただし、「特定技能」では転職が認められているため、最長5年間雇用できない場合もあります。

介護福祉士資格を取得して「介護」に移行する

　技能実習生が3年以上の実務経験を積み、介護福祉士国家試験に合格すると、「介護」に移行して永続的に働いてもらうことができます。

🔍 補足情報 「技能実習」お役立ち情報

●技能実習の雇用に関する問合せ先・情報

OTIT（外国人技能実習機構） コールセンター	03-3453-8000	

　　上記OTIT（外国人技能実習機構）のWebサイト※には、技能実習に役立つ情報が豊富に掲載されています。

※ https//www.otit.go.jp/info_jissyu/

●にほんごをまなぼう（公益社団法人日本介護福祉士会）

https://aft.kaigo-nihongo.jp/rpv/

☞日本の介護現場で働く外国人の方々が自律的に学習に取り組むための無料のWeb教材です。日本語能力試験N3の合格、介護の日本語の習得、介護の特定技能評価試験、介護福祉士国家試験の合格等をサポートしてくれます。

「特定技能」で採用しよう

「特定技能」の採用手順を確認しよう

　特定技能での受け入れは、必要に応じて専門家を利用しながら、自社が主体となって行います。受け入れをサポートしてくれる主な

専門家

・人材紹介会社
　（職業紹介事業者）
・ハローワーク

・行政書士
・登録支援機関　等

受け入れ手順

❶ 募集・採用

❷ 雇用契約
（▶P114）

❸ 在留資格手続き
（▶P48、52）

特定技能の手続き

・就職相談会
・人材紹介会社の利用など
（▶P107、108）

・登録支援機関と支援委託契約
　（▶P119）
・支援計画作成（▶P116）
・健康診断
・事前ガイダンス

国別の手続き（国によっては不要）（▶P102）

受け入れ施設の自主的な採用活動が必要です。国によっては、その国の送出機関を通す必要があります。	外国人への支援の計画を作成します。自社での支援が困難な場合は登録支援機関と委託契約を結びます。	在留資格手続きは、行政書士等の専門家に依頼することもできます。国によっては採用時に必要な手続きが別途定められています。

機関としては「登録支援機関」があります。

・登録支援機関（外国人の生活支援）
・社会保険労務士（社会保険・労務関係）
・行政書士（在留資格関係）

・行政書士等

④ ⑤ ハローワークへの届出（▶P58） ⑥ 入社 雇用管理（▶P64） ⑦ 在留期間の更新（▶P56）

第5章

「特定技能」で採用しよう

・各種届出（▶P126）
・協議会への参加（▶P124）
・外国人への支援（▶P116）
　　○空港への送迎
　　○住宅の確保
　　○相談・苦情への対応
　　○日本語学習機会の提供　など

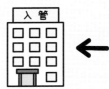

入社後は期限内にハローワークに届け出ます

外国人への支援、各種届出、協議会への参加が必要です。外国人への支援は登録支援機関に委託することもできます。

特定技能の採用ルールと対象者を確認しよう

▶自社で工夫しながらの採用活動が必要になる

▶採用するのは試験合格者または技能実習修了者

▶訪問介護での採用はできない

特定技能は技能実習と異なり、採用から帰国まで一貫してサポートしてくれる監理団体のような機関がありません。しかし、専門家を上手に利用することでスムーズに受け入れることができます。

1 採用のルール

採用をサポートしてくれる監理団体のような機関がない特定技能では、民間の人材紹介会社を利用したり、自社で募集広告を出したりするなど自社が独自の方法で**自主的な採用活動**を行っていく必要があります。

特定技能は技能実習と同様、訪問介護スタッフとしての採用できません。

2 採用の対象者

特定技能では、現時点で「特定技能」の在留資格を持っていない技能実習生や海外の外国人を採用し、採用後に在留資格を変更するなどの手続きをします。

そのため、採用するのは必ず、**「特定技能」の取得要件を満たしている外国人**です。取得要件を満たしていないと、その後の在留資格申請で許可を得られず、雇用することができなくなってしまいます。

　すでに「特定技能」を持っている転職者を採用する場合もありますが、その際にも在留資格変更許可申請で許可を得てから雇用することが必要です（▶P51）。

「特定技能」の2つの取得ルート

　外国人が「特定技能」を取得するには、**①試験に合格するルート（試験ルート）**と、**②技能実習を修了するルート（技能実習ルート）**の2つがあります。

　採用活動をトラブルなく進めていくために、次頁で「特定技能」の取得要件を詳しく確認していきましょう。

図表5−1 「特定技能」の取得ルート

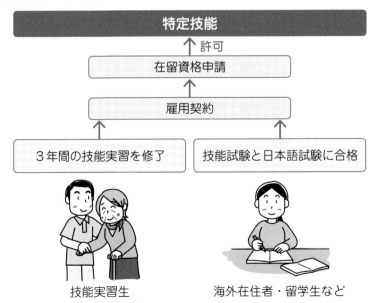

3 試験ルートの要件

　外国人が試験ルートで「特定技能」を取得するには、以下の①〜③の試験に合格していることが必要です。

【技能試験】

　①**介護技能評価試験**

　　介護の技能水準を測る試験〈問題サンプル▶P96〉

【日本語試験】

　②**国際交流基金日本語基礎テスト**または**日本語能力試験N4以上**

　　一般的な日本語能力を測る試験〈問題サンプル▶P28〉

　③**介護日本語評価試験**

　　介護に必要な日本語能力を測る試験

　なお、介護福祉士養成施設修了者とEPA介護福祉士候補者として在留期間を満了（４年間）した人は①〜③の試験は免除されます。

4 技能実習ルートの要件

　技能実習ルートで「特定技能」を取得するには、３年間の技能実習（技能実習２号）を修了していることが必要です。

　しかし、技能実習２号を修了していれば誰でも特定技能に移行できるわけではありません。次の条件についてもクリアしている必要があります。

修了しているのが "介護職種" の技能実習であること

　技能実習は数多くの職種が対象となっていますが、無試験で介護分野の特定技能に移行できるのは **"介護職種"** の技能実習２号を修了した人です。

農業や製造業など、他職種の技能実習２号を修了した人が介護分野の特定技能で働く場合には、前記の試験に合格することが必要になります（ただし、②の試験は免除されます）。

技能実習を"良好"に修了していること

　技能実習は、単に修了しているだけでは足りず、**"良好に"**修了していることが必要とされています。

　技能実習を良好に修了したとみなされるには、技能実習２号が目標としている試験（**技能実習評価試験〈専門級〉**）に合格していることが必要です。もし、試験に合格していない場合は、技能実習の受け入れ施設が作成した技能の修得等の状況を評価した文書（評価調書）を提出することで許可を得られる場合があります。

　他社で技能実習を修了した人の場合は、合格証を提示してもらうことで試験の合格を確認することができます。

🔍 補足情報　現在の主流は「試験ルート」

　現時点では、試験ルートの外国人が大半を占めています。
しかし、今後は技能実習ルートも増える可能性があります。技能実習に介護職種が追加されたのは2017年11月です。このため、3年の技能実習を修了して特定技能に移行する「技能実習ルート」の外国人が増加するのは2021年度以降と見込まれているからです。

　2021年6月末現在、国内・海外7か国（フィリピン・カンボジア・インドネシア・ネパール・モンゴル・ミャンマー・タイ）で実施された技能試験合格者数は18755人です。

　特定技能の技能試験ではどのような問題が出題されるのでしょうか。問題サンプルを解いてみましょう。

●介護技能評価試験　試験問題サンプル

- ・試験言語：試験実施国の現地語
- ・合格基準：問題の総得点の60％以上
- ・実施方法：コンピューター・ベースド・テスティング（CBT）方式

介護技能評価試験（例題）〜コミュニケーション技術〜

　例題3　コミュニケーションに関する次の記述のうち、適切なものを一つ選びなさい。

　　1　常に大きな声で話しかける。
　　2　わからない話は、黙っている。
　　3　相手の表情を見ながら話を聞く。
　　4　身振りや手振りを使わないようにする。

正答：3

In the actual test, questions and choices will be translated into English.

サンプル問題Example 3

介護技能評価試験（例題）〜こころとからだのしくみ〜

例題2　老化にともなう高齢者のからだの変化に関して、正しいものを1つ選びなさい。

1　個人差は少ない。
2　低い音は、聞こえにくくなる。
3　暑さ寒さを、感じやすくなる。
4　視野が狭くなる。

正答：4

In the actual test, questions and choices will be translated into English.

サンプル問題Example 2

介護技能評価試験（例題）〜生活支援技術〜

例題6　右片麻痺があり、杖を使っている人の移動の基本的な介護として、適切なものを一つ選びなさい。

1　介護者は右前方に立つ。
2　介護者は右後方に立つ。
3　介護者は左前方に立つ。
4　介護者は左後方に立つ。

正答:2

In the actual test, questions and choices will be translated into English.

サンプル問題Example 6

出典：厚生労働省Webサイト『介護技能評価試験　サンプル問題』
https://www.mhlw.go.jp/content/12000000/000503363.pdf

4つの採用ルートを
押さえよう

▶採用ルートは大きく分けて４つ
▶ルートによって採用の難易度や人材の質が異なる
▶国別の採用ルールに注意しよう

　特定技能の要件に合う人材を採用するための採用ルートをみていきましょう。

1 採用ルートは４つ

　特定技能では、海外と国内のどちらからでも受け入れることが可能です。これを考慮すると、採用ルートは次の４つになります（図表５−２）。

図表５−２ ４つの採用ルート

2 国内採用の特徴

技能実習修了者の国内採用

4つのなかで**最もスムーズ**に採用できるルートです。

自社の技能実習生を特定技能に移行させて継続的に雇用できるほか、**他社で**技能実習を修了した外国人を採用することも可能です。また、外国人は技能実習の修了後に一旦帰国する必要もありません。

試験合格者の国内採用

このルートでは、日本語が堪能で日本の文化や生活になじんでいる**留学生を採用できる**のが大きなメリットです。しかし、特定技能は開始まもない制度であるため、現時点では採用対象となる試験合格者は多くありません。

周囲の外国人に受験をすすめ、合格後に採用するのも1つの方法です。

3 海外採用の特徴

技能実習修了者の海外採用

既に帰国した技能実習生でも、技能実習2号を修了している場合は無試験で「特定技能」を取得し再来日することができます。

自社で技能実習を修了した外国人を呼び戻すほか、他社で技能実習を修了した外国人を採用することも可能です。

試験合格者の海外採用

海外で採用できる試験合格者はまだ多くありませんが、海外でも随時試験が実施されており合格者は徐々に増加しています。

このルートでは、初めて来日する外国人のほかにも、介護職種以

外の技能実習を修了して帰国した外国人が再び日本で働くことを希望し、介護分野の特定技能試験を受けるケースもあります。

　このような外国人は、すでに日本に順応しているため受け入れしやすい人材といえるでしょう。

4 国別の採用ルールに要注意

　特定技能では、それぞれの国が独自の採用のルールを定めており、これに従わなければならない場合があるので注意が必要です（▶P102〜105）。

送出機関の利用が必要な国がある

　国別のルールで特に注意が必要になるのが、フィリピンやベトナムなどの一部の国で海外採用をする場合、その国が認定した**送出機関を通して**採用しなければならないということです。

　この場合には利用する送出機関への手数料も考慮する必要があるでしょう。

　たとえば、ベトナムの場合は人材の給与の１〜２か月分の手数料がかかることがあるなど、費用負担が大きくなる場合があります。

送出機関を通す国（海外採用時）

　海外採用時に送出機関を通さなければいけない国は2021年12月現在、以下の国です。海外採用を検討する際には必ず確認しておきましょう。

フィリピン

 ベトナム

 カンボジア

 ミャンマー

 モンゴル

　前記のほかにも国ごとに細かいルールや手続きがあるため、専門家（行政書士や、利用する人材紹介会社など）にアドバイスを受けながら進めるとよいでしょう。

　各国の手続きの概要を次頁の「特定技能に関する各国の手続き一覧」に掲載していますので参考にしてください。

特定技能に関する各国の手続き一覧

　特定技能外国人の適正な送り出しと受け入れのために、日本政府との間で協力覚書を締結している国があります（2021年12月時点13か国）。覚書のなかで定められている手続きを経ていない場合は特定技能の在留資格を取得することができません。

	フィリピン	ベトナム
人材募集・雇用	●人材紹介は認定送出機関を通じて行う ●送出機関と募集取り決めを締結（日本の公証役場での公証を経たものであること）	●認定送出機関との間で「労働者提供契約」を締結、締結後ベトナム労働・傷病兵・社会問題省 海外労働管理局（DOLAB）の承認を得る必要あり ●必要な手続きを完了した特定技能外国人に対し、政府が推薦者表（特定技能外国人表）を承認
受け入れ施設の対応	●駐日フィリピン共和国大使館海外労働事務所（POLO）（東京）などに雇用契約書等を提出し、所定の審査を受ける必要あり ●審査を経た後、東京または大阪への訪問・面接も必須（英語での面接あり・通訳の同席可能）	●日本在留者の場合、本人または受け入れ施設が推薦者表の承認手続きをする（ベトナム在住者の場合は送出機関が手続き） ●在留資格認定証明書交付申請時に推薦者表を提出
外国人本人の対応	●出国前オリエンテーションの受講 ●出国前の健康診断の受診 ●出国前に海外雇用許可証（DEC）の発行を申請	●日本在留者の場合、本人または受け入れ施設が推薦者表の承認手続きをする【再掲】 ●在留資格変更許可申請時に推薦者表を提出

以下の表は、主な国の手続きの概要をまとめたものです。手続きの詳細やその他の国の情報は、入管Webサイト（特定技能に関する各国別情報※）を参照してください。

※ http://www.moj.go.jp/isa/policies/ssw/nyuukokukanri06_00073.html

（2021年5月25日時点）

	インドネシア	ミャンマー
	●送出機関を介する必要なし ●インドネシア側は、日本側の求人募集に当たり、政府が管理する「労働市場情報システム（IPKOL）」に登録して求人することを強く希望（自社の技能実習生を引き続き雇用する場合は不要）	●人材紹介や雇用契約締結は認定送出機関を通じて行う（日本在留者の場合は直接採用）
	—	—
	●来日時の査証申請前に、海外労働者管理システム（SISKOTKLN）にオンライン登録し、移住労働者証（E-KTKLN）の発行を受ける	●来日前にミャンマー労働・入国管理・人口省 労働局（MOLIP）に海外労働身分証明カード（OWIC）の発行を申請 ●日本在住者の場合、雇用契約締結後にパスポートの（更新）申請

特定技能に関する各国の手続き一覧

	ネパール	カンボジア
人材募集・雇用	●送出機関の利用は任意 ●駐日ネパール大使館に求人申し込みを提出することも可能（有料）	●人材紹介や雇用契約締結は認定送出機関を通じて行う
受け入れ施設の対応	－	●在留諸申請時カンボジア政府から発行される登録証明書の提出
外国人本人の対応	●ネパール労働・雇用・社会保障省海外雇用局日本担当部門に海外労働許可証の発行を申請 ●出国前オリエンテーションの受講 ●指定医療機関での健康診断受診 ●海外労働保険への加入 ●海外労働者社会福祉基金への一定額の支払い	●認定送出機関を通じて、カンボジア王国労働職業訓練省（MoLVT）に登録証明書の発行を申請（日本に在留する方の場合も含む） ●出国前オリエンテーションの受講

	モンゴル	タイ
	●唯一の送出機関であるモンゴル国労働・社会保障省労働福祉サービス庁（GOLWS）と双務契約を締結（契約締結により「特定技能モンゴル人候補者表」の情報入手可能（2年ごとに250米ドル程度） ●日本在留者の場合は双務契約締結不要	●送出機関の利用は任意（ただし、日本企業が現地へ訪れて直接求人活動を行うことは禁止） ●送出機関またはタイ王国労働省雇用局を通じて採用活動を行うことが可能
	－	●駐日タイ王国大使館労働担当官事務所に雇用契約書等を提出、認証を受ける ●技能実習から移行の場合、認証済みの雇用契約書を在留資格変更時に提出 ●受け入れ施設または本人は入国後15日以内に来日報告書を提出
	●GOLWSへの求職者として登録申請 ●GOLWSに対して査証申請代理手続を委任することが必要 ●GOLWSが実施する出国前研修を受講 ●日本在留者の場合は、GOLWSに雇用契約等の登録手続きなどが必要	●認証された雇用契約書等をタイ王国労働省に提出、出国許可の発行申請・許可取得 ●受け入れ施設または本人は入国後15日以内に来日報告書を提出【再掲】

出典：厚生労働省Webサイト「特定技能外国人の受入れに関する介護事業者向けガイドブック」より一部抜粋

第5章 「特定技能」で採用しよう

▶ 5-3

自社に合った採用方法を みつけよう

▶自由な採用活動が可能であるが、特定技能に合った効率的な 採用活動をすることが肝心
▶海外採用は国別のルールも考慮しよう

　次に、具体的な採用方法をみていきましょう。特定技能では受け入れ施設が自由に採用活動をすることができますが、ここでは特定技能の制度や要件を考慮した効率的な採用方法を紹介していきます。

1 国内採用の方法

①アルバイトの留学生を受け入れておく

　留学生は、資格外活動許可を得れば週28時間以内の範囲でアルバイトすることができます。そのため、留学生を在学中から雇用し、卒業後に特定技能で継続的に雇用する方法が考えられます（在学中に特定技能の試験の合格が必要）。資格外活動許可を取得する手続きは簡易的な場合も多く、すでに自身で取得している留学生も多くいます。

　長期間雇用できるだけでなく、適正を見極めてから採用できることも大きなメリットです。

　アルバイトの採用方法としては、後述する「③就職相談会」や「④日本語学校等への求人」「⑦SNSの活用」などがあります。

②人材紹介会社に登録する

人材紹介会社（職業紹介事業者）に人材の紹介を依頼する方法です。Webサイトを検索すると、特定技能の外国人を紹介している人材紹介会社がたくさんヒットします。

また、登録支援機関（▶P119）のなかにも職業紹介事業者の許可を得て人材紹介を行っているところもあります。

人材紹介会社を利用する場合は高額な手数料がかかることも多くありますが（人材の年収の20〜30%が相場）、採用活動の負担がなく、希望に合った人材を迅速かつ効率的に採用できることを考えると、それに見合ったメリットを期待することができます。

アドバイス　人材紹介会社とは？

人材紹介会社（職業紹介事業者）は、人材派遣会社※と間違えられることが多くありますが、人材紹介会社の場合は派遣会社と異なり、人材のあっせんを受けた後は、求人企業と求職者が**直接雇用契約を結びます**。

人材紹介会社を利用する場合には、事業者が厚生労働省から**職業紹介事業者の許可**を受けていることを必ず確認するようにしましょう。

許可・届出事業者の検索は、厚生労働省Webサイト「人材サービス総合サイト」で可能です。

※介護分野の特定技能では、派遣での雇用は認められていません。

③就職相談会を開催する

　国内の留学生などを対象に、自社で就職相談会を開催する方法です。自社だけで開催するのが難しい場合は、同業者が集まって開催するのもよいでしょう。

　自治体によっては合同企業説明会などを企画し、企業の参加を呼びかけている場合もあります。

　特定技能の制度をよく知らない外国人も多いので、制度説明の時間を設けたり、試験の受験申し込みのサポートを提供できるとより効果的です。

④日本語学校や専門学校に求人を出す

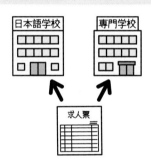

　日本語学校や留学生の多い専門学校の就職課等に問い合わせ、自社の求人を出してもらう方法です。

　留学生のなかには特定技能での就職をめざし、試験に合格している人もいます。

⑤国のマッチングイベントに参加する

マッチングイベント

　国が特定技能の外国人材と企業とのマッチングイベント（オンラインでの就職面接会、参加企業の動画配信、交流会など）を随時開催しています。参加は無料です。

　開催予定等の詳細は、特定技能

総合支援サイトhttps://www.ssw.go.jp/を参照してください。海外に住む外国人を対象とした交流会（オンライン）などもあわせて開催されています。

　このほかにも、最寄りの自治体で特定技能での受け入れに関する支援があるか確認してみるとよいでしょう。

⑥監理団体・登録支援機関に問い合わせる

これらの機関は特定技能での就職を希望している外国人の情報を持っているところが多くあります。

　身近にこのような機関がある場合は、問い合わせてみるとよいでしょう。

⑦Facebookなどの SNS を活用する

現在は、非常に多くの外国人がFacebookなどのSNSを利用しています。これらは無料で利用できることに加え、情報の拡散力が非常に大きいため、求人情報を周知したり、就職相談会への参加を呼びかけたりするのには大変効果的です。

　ただし、外国人からの問い合わせに対し、外国語での対応が必要になる場合があるので注意が必要です。

⑧多言語のWebサイトを作成して募集する

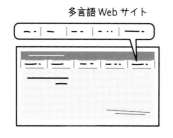

多言語 Web サイト

自社のWebサイトの採用情報や会社情報などを多言語で作成しておくとよいでしょう。

他の媒体で自社の求人情報を見た外国人が情報収集のために最初にアクセスするのがその企業のWebサイトである場合も多いようです。

⑨ハローワークに登録する

登録する

ハローワーク（●P142）を利用することもできますが、特定技能に関しては、マッチングが難しい場合もあるようです。利用する場合は、ほかの方法とあわせて募集をかけてみるとよいでしょう。

2 海外採用の方法

海外採用の場合、前述の通り、国によってはその国の送出機関を通して採用しなければならないルールがあります。この点も踏まえ、どのような採用方法があるかみてみましょう。

①人材紹介会社を利用する

採用場所が海外であることや、現地の送出機関のあっせんが必要な場合があることを考慮すると、送出機関（送出機関のあっせんが不要な国の場合は、現地のあっせん事業者）と提携している**国内の**

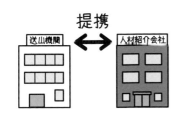

人材紹介会社（職業紹介事業者）を利用すると安心かつスムーズです。

　登録支援機関が職業紹介事業者の許可を得て、海外の人材の紹介を行っている場合もあります。

②送出機関に直接問い合わせる

　自社がすでに外国人の受け入れのノウハウを持っている場合や、海外に人脈がある場合には、自社から直接送出機関にコンタクトを取り、人材の紹介を依頼することも考えられます。

送出機関の連絡先は入管のWebサイト※で閲覧できます。

※特定技能に関する各国別情報（出入国在留管理庁Webサイト）
　http://www.moj.go.jp/isa/policies/ssw/nyuukokukanri06_00073.html

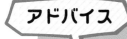

外国人への働き方の提案

　特定技能で雇用できる期間は最長5年ですが、5年間継続的に働いてもらうほか、母国への帰国と再来日を繰り返しながら通算で5年になるまで働いてもらうことも可能です。

　外国人に働き方の選択肢を提案できると、自社での就職に興味を持つ人が増えるかもしれません。

試験の申込みをサポートしよう

　特定技能の制度を知っている外国人はまだ多くないため、求人募集をすると制度をよく知らない外国人が試験に合格していないにもかかわらず応募してくることがあるかもしれません。

　そのような場合には、外国人に試験の情報を提供して受験を勧めてみたり、試験の申し込みをサポートしてあげたりして後の採用につなげるようにするとよいでしょう。

　試験は**国内外で実施**されており、試験のスケジュールや申し込み方法は以下のWebサイトに掲載されています。試験の学習用テキストもここからダウンロードできます。

介護分野における特定技能外国人の受入れについて
(厚生労働省Webサイト) https://www.mhlw.go.jp/stf/newpage_
000117702.html

まずはできるところからはじめ、自社に合った方法をみつけていきましょう。いくつかの方法を組み合わせるのも効果的です。

介護施設で働く特定技能外国人の国籍は？

　介護施設で働いている特定技能の外国人は2021年9月の時点で3947人います。

　そのうち、国籍・地域は、人数の多い順に「ベトナム」52.24％（2062人）、「インドネシア」11.91％（470人）、「フィリピン」11.07％437人）となっています。

　受け入れが多い国の制度や文化、宗教などを調べておくと採用活動に役立つでしょう。

図表5－3 国籍・地域別「特定技能」外国人の割合

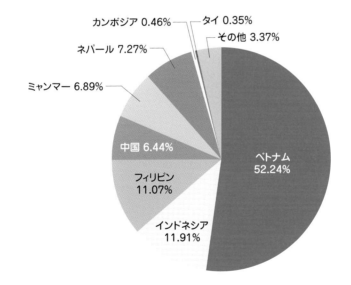

カンボジア 0.46％　タイ 0.35％
その他 3.37％
ネパール 7.27％
ミャンマー 6.89％
中国 6.44％
フィリピン 11.07％
インドネシア 11.91％
ベトナム 52.24％

※2021年9月現在
出典：出入国在留管理庁『特定技能1号在留外国人数（令和3年9月末現在）』
　　　https://www.moj.go.jp/isa/content/001353031.pdfをもとに、筆者作成。

▶ 5-4

外国人と雇用契約を結ぼう

▶日本人向けの雇用契約書と違い、特定技能の要件を満たす内容を盛り込むことが必要

　特定技能では、どのような雇用契約を結べばよいのか確認しておきましょう。実際に雇用契約書を作成する際には、在留資格手続きを依頼する行政書士などのサポートを受けるとよいでしょう。

1 雇用契約書に盛り込む内容

　特定技能の雇用契約書は、通常の日本人向けの雇用契約書と異なり、労働関係法令にもとづいているだけでなく**特定技能で定められた基準**を満たしていることも必要です。
　具体的には、雇用契約書の別添書類（雇用条件書）のなかで、業務内容や労働時間、賃金などについて、主に**図表5-4**で示した内容を盛り込む必要があります。
　なお、様式、記載例は入管Webサイトからダウンロード可能です。

図表5-4　雇用条件書　参考様式第1-6号（抜粋）

```
（参考様式第1-6号）
              雇　　用　　条　　件　　書

                                          年　　　月　　　日

_____ 殿
                        特定技能所属機関名 _____
                        所在地 _____
                        電話番号 _____
                        代表者　役職・氏名 _____ ㊞
                        （中略）
```

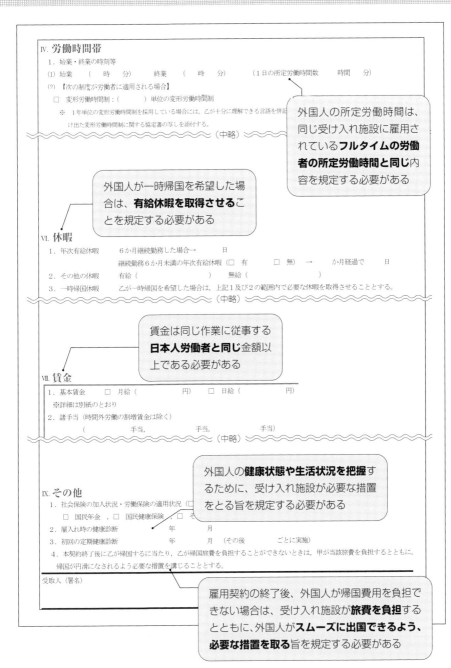

Ⅳ. **労働時間帯**

1. 始業・終業の時刻等

(1) 始業 （　時　分）　　終業 （　時　分）　　（1日の所定労働時間数　　時間　分）

(2) 【次の制度が労働者に適用される場合】

□　変形労働時間制：（　　　）単位の変形労働時間制

※　1年単位の変形労働時間制を採用している場合には、乙が十分に理解できる言語を併記し、

　　け出た変形労働時間制に関する協定書の写しを添付する。

（中略）

> 外国人が一時帰国を希望した場合は、**有給休暇を取得させる**ことを規定する必要がある

> 外国人の所定労働時間は、同じ受け入れ施設に雇用されている**フルタイムの労働者の所定労働時間と同じ**内容を規定する必要がある

Ⅵ. **休暇**

1. 年次有給休暇　　6か月継続勤務した場合→　　　　　日

　　　　　　　　　継続勤務6か月未満の年次有給休暇（□　有　　□　無）→　　か月経過で　　　　日

2. その他の休暇　　有給（　　　　　　　　　）　　　無給（　　　　　　　　　）

3. 一時帰国休暇　　乙が一時帰国を希望した場合は、上記1及び2の範囲内で必要な休暇を取得させることとする。

（中略）

> 賃金は同じ作業に従事する**日本人労働者と同じ**金額以上である必要がある

Ⅶ. **賃金**

1. 基本賃金　　□　月給（　　　　　　円）　　□　日給（　　　　　　円）

　　※詳細は別紙のとおり

2. 諸手当（時間外労働の割増賃金は除く）

　　（　　　　　　　手当,　　　　　　　手当,　　　　　　　手当）

（中略）

> 外国人の**健康状態や生活状況を把握**するために、受け入れ施設が必要な措置をとる旨を規定する必要がある

Ⅸ. **その他**

1. 社会保険の加入状況・労働保険の適用状況（□

　　□　国民年金，□　国民健康保険，□　そ

2. 雇入れ時の健康診断　　　　　　年　　　　月

3. 初回の定期健康診断　　　　　年　　　　月　　（その後　　　　ごとに実施）

4. 本契約終了後に乙が帰国するに当たり、乙が帰国旅費を負担することができないときは、甲が当該旅費を負担するとともに、

　　帰国が円滑になされるよう必要な措置を講じることとする。

受取人（署名）

> 雇用契約の終了後、外国人が帰国費用を負担できない場合は、受け入れ施設が**旅費を負担する**とともに、外国人が**スムーズに出国できるよう、必要な措置を取る**旨を規定する必要がある

出典：出入国在留管理庁Webサイト「在留資格「特定技能」に関する参考様式（新様式）」『参考様式第1－6号　雇用条件書』https://www.moj.go.jp/isa/policies/ssw/10_00020.html

第**5**章

「特定技能」で採用しよう

外国人への支援の計画を立てよう

▶雇用主は受け入れた外国人に支援を行う義務がある
▶登録支援機関に支援を委託することも可能

　特定技能での外国人の受け入れが決まったら、外国人に対して行う支援についての計画を立てます。

1 外国人の支援は雇用主の義務

　特定技能で外国人を雇用する場合、外国人が日本で安心して生活できるよう、**外国人が理解できる言語**できめ細かな支援をしていかなければなりません。
　具体的には、主に以下の**10項目の支援**内容について、どのように行うかを定めた**支援計画**を事前に作成し、これにもとづいて支援を行っていく必要があります。

①事前ガイダンス

　雇用契約締結後、在留資格認定証明書交付申請前または在留資格変更許可申請前に、労働条件・活動内容・入国手続き・保証金徴収の有無などについて、対面やテレビ電話などで説明します。

②出入国する際の送迎

入国時に空港と事業所（または住居）へ送迎します。

帰国時は空港の保安検査場まで送迎・同行します。

③住居確保・生活に必要な契約支援

住宅確保の支援として、連帯保証人になったり、社宅を提供したりします。

また、銀行口座等の開設や携帯電話、ライフラインの契約等を案内し、それらの手続きの補助をします。

④生活オリエンテーション

円滑に日本での社会生活を営めるように、日本のルールやマナー、公共機関の利用方法や連絡先、災害時の対応などの説明をします。

⑤公的手続きなどへの同行

必要に応じて住居地・社会保障・税などの手続きの同行、書類作成の補助を行います。

⑥日本語学習の機会の提供

日本語教室などの入学案内や日本語学習教材の情報提供などを行います。

⑦相談・苦情への対応

　職場や生活上の相談・苦情などについて、外国人が十分に理解することができる言語での対応をし、その内容に応じた助言や指導などを行います。

⑧日本人との交流促進

　自治会などの地域住民との交流の場や地域のお祭りなどの行事の案内、それらの参加の補助などを行います。

⑨転職支援（人員整理をするときなどの場合）

　受け入れ側の都合により雇用契約を解除する場合は、外国人の転職先を探す手伝いや推薦状の作成などに加え、求職活動を行うための有給休暇の付与や必要な行政手続きの情報提供をします。

⑩定期的な面談・行政機関への通報

　支援責任者などが外国人とその上司などと定期的（３か月に１回以上）に面談します。その際に、労働基準法などの法令違反があれば行政機関に通報します。

> 支援をすべて自社でするのは難しそう。大丈夫かしら…

2　自社での支援が難しい場合

　これらの支援は義務とされていますが、実際には一般の事業者がすべての支援を確実に行うのは困難な場合が多くあります。
　そのうえ、自社で支援をするには就労資格の外国人を受け入れた

実績があるなどの要件をみたし、**外国人を支援できる体制**が整っていることが求められます。

▌「外国人を支援できる体制」とは

外国人を支援できる体制が整っているとみなされるのは、以下の基準を満たしている場合です。

> ①**就労資格の外国人の受け入れを適正に行った実績が２年以上ある。あるいは、中長期在留者の生活相談などに従事した経験のある役職者のなかから責任者・担当者を選任している。**
> ②**外国人が理解できる言語で支援を実施できる体制がある。**
>
> など

▌登録支援機関を利用しよう

上記の支援体制の要件はハードルが高く、要件を満たせない事業所も実際には多くあります。

これに対し特定技能では、自社で支援することが困難な会社のために、支援を委託できる**登録支援機関**という機関を設けています。

支援が難しい場合は、登録支援機関に<u>すべての</u>支援を委託することで外国人の受け入れが認められます。

自社で支援するには…
　　●支援体制が整っている ＋ ●適切に支援できる

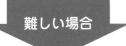

難しい場合

支援計画の**全部**を

登録支援機関
に委託することで受け入れ可能

自社に合った登録支援機関をみつけよう

▶外国人の言語に対応できる機関を選ぶことが基本
▶サポートの充実度、強み、コストなどを比較しよう

　2022年1月現在で、全国には6770件もの登録支援機関があります。多くのなかから自社に合った機関をどのように選べばよいでしょうか?

1 言語に対応できる機関から選ぶ

　支援は外国人が理解できる言語で行うことが必要になります。このため、まずは**受け入れる外国人の言語に対応**している機関を選ぶことを基本にしましょう。
　各機関の対応言語は、入管のWebサイト(登録支援機関登録簿※)で確認することができます。

2 サポートの充実度で選ぶ

　登録支援機関のなかには、**必須の10項目の支援以外**にも、人材のあっせんや在留資格の手続きの支援などを行い、サポートを充実させているところもあります。受けられる支

※登録支援機関登録簿(出入国在留管理庁Webサイト)
　http://www.moj.go.jp/isa/policies/ssw/nyuukokukanri07_00205.html

援の内容や料金などを事前に確認し、自社のニーズに合ったところを選ぶとよいでしょう。

図表5-5 登録支援機関から受けられるプラスαの支援

- ●特定技能外国人のあっせん
- ●入国・在留の諸申請・届出支援
- ●入国前や入国後の教育
- ●海外の送出機関とのやり取り　　など

3 地域で選ぶ

きめ細かなサポートや迅速な対応を期待するには**距離的な面**も考慮する必要があります。遠方である場合には交通費等の負担が生じる場合もあります。

4 バックグラウンドや強みで選ぶ

登録支援機関は、以下のように、運営する母体によって大きく3つのタイプに分けられます。自社のニーズにあったタイプを選ぶとよいでしょう。

【登録支援機関のタイプ】

①監理団体タイプ

　技能実習生をサポートしてきた豊富な知識と経験を生かして支援ができる。海外の送出機関とのパイプを生かし、特定技能の人材を紹介できる機関もある。

②行政書士・社会保険労務士タイプ

　行政書士の場合は在留資格の知識、社会保険労務士の場合は労務管理や社会保険関係の知識が豊富。特にコンプライアンス面において安心して任せることができる。

③人材派遣会社・人材紹介会社タイプ

　人材マネジメントのノウハウがあるため、きめ細かなケアやサポートが期待できる。

5 コストで選ぶ

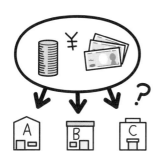

　登録支援機関に支払う費用は、受ける支援の内容や分量によってさまざまです。

　月々の費用の相場は**2万〜4万円**程度ですが、外国人のあっせんや、入国前・入国後の教育などが含まれていると、受け入れ時に費用がかかるなど、全体的な費用が高めになる傾向があります。

6 送出機関との提携で選ぶ

　海外からの受け入れを考える場合は、**現地での教育が充実**している送出機関と提携している登録支援機関を選ぶとよいでしょう。

　特に送出機関が行う入国前の充実した日本語教育は入国後の職場定着のために重要なものだといえるでしょう。

7 他の介護事業者等の紹介でみつける

　他の介護事業者の紹介や口コミで登録支援機関をみつけるケースも多いようです。

　近隣の介護事業者との**情報共有**が有効です。

入社後の手続きを
確認しよう

▶入社後４か月以内に協議会に加入することが必要
▶受け入れ後には３か月ごとの定期的な届出が必要になる
▶雇用主の義務を怠ると受け入れができなくなることがある

　在留資格が許可された後も、行わなければならない重要な手続きがあります。１つは「協議会」への加入、もう１つは各種の届出の手続きです。

① 協議会への加入

４か月以内に「協議会」に加入する

　外国人の受け入れ後４か月以内に、**「介護分野における特定技能協議会（協議会）」**への加入手続きをしなければなりません。

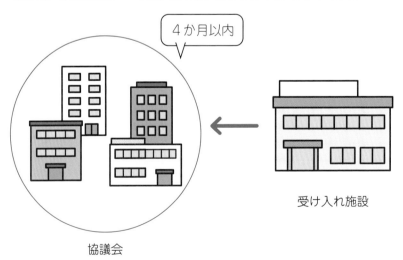

４か月以内

受け入れ施設

協議会

協議会とは

協議会は、厚生労働省などの業所管省庁や業界団体、受け入れ施設、学識経験者、関係省庁などを構成員とする団体です。

外国人の適切な受け入れや保護、また企業が必要な特定技能外国人を受け入れられる体制作りを目的として、制度や情報の周知、人手不足の状況の把握・対応などを行っています。

特定技能外国人を雇用するには、**協議会への加入が義務づけられています**。

協議会の加入手続きの流れ

① 地方出入国在留管理局への申請

在留資格認定証明書交付申請等の際に、「介護分野における特定技能外国人の受入れに関する誓約書」（介護参考様式第1－1号）を提出する

② 協議会事務局への入会申請

申請システムに必要情報を入力し、添付書類をアップロードする

外国人を受け入れた日から**4か月以内**に手続きをする

③ 手続き完了

申請システムから、「協議会入会証明書」をダウンロードする

加入方法の詳細は以下のURLを参照してください。

介護分野における特定技能協議会（厚生労働省Webサイト）
https://www.mhlw.go.jp/stf/newpage_000117702.html#link3

2 届出の手続き

　特定技能で受け入れた雇用主には、雇用契約や受け入れ状況など
に関する届出が義務づけられています。届出は、大きく分けて2種
類あり、**3か月ごと**（四半期ごと）に定期的に行うものと、状況に
変更があった場合などに**随時**行うものがあります（**図表5−6**）。
　いつ、どのような届出をするのかあらかじめ知っておき、確実に
届出ができるようにしておきましょう。

図表5−6 特定技能の受け入れ施設による届出一覧

		届出のタイミング	届出の主な内容
（事由発生から14日以内）	随時の届出	**雇用契約の変更、終了、新たな契約の締結があったとき**	変更、終了、新たな契約の締結時の内容等
		支援計画の変更があったとき	支援計画変更時の内容等
		登録支援機関との支援委託契約の締結・変更・終了があったとき	契約締結時や契約変更時の内容等
		特定技能外国人の受け入れが困難となったとき	受け入れが困難となった事由、外国人の現状、活動継続のための措置内容等
		外国人に対する不正行為※の発生を受け入れ施設が知ったとき	発生時期、認知した時期、当該行為の内容とその対応等
定期の届出		**四半期ごと**（翌四半期の最初の日から14日以内（第1四半期（1月1日〜3月31日）であれば、4月14日まで）に届け出る必要があります）	**特定技能外国人の受け入れ状況**（外国人の受け入れ総数、氏名等の情報、活動日数、場所、業務内容等） **支援計画の実施状況**（相談内容、対応結果等） **特定技能外国人の活動状況**（報酬の支払い状況、離職者数、行方不明者数、受け入れに要した費用の額等）

※残業代等賃金の不払い、暴行・脅迫、旅券・在留カードの取り上げなど、出入国または労働関係法令に関する不正行為

3 受け入れ後の注意点

雇用主の義務は必ず履行しよう

　特定技能で外国人を受け入れた雇用主には、次の①〜③が義務づけられています。これらを怠ると**外国人を受け入れられなくなってしまう**ほか、入管から指導や改善命令などを受けることがあります。

【雇用主の義務】

①外国人と結んだ**雇用契約**を確実に履行する

（例：報酬を適切に支払うなど）

②外国人への**支援**を適切に実施する

（登録支援機関に委託することも可能）

③入管への各種**届出**をする

（特定技能の届出一覧▶P126）

▶5-8

外国人を
長期間雇用しよう

▶介護福祉士資格を取得すると「介護」への移行が可能になる
▶外国人の資格取得を支援しよう

1 外国人を長期間雇用するには？

　特定技能の就労期間は最長５年間です。しかし、実務経験※を積んで介護福祉士国家試験に合格できれば、**在留資格「介護」に移行し永続的に働いてもらう**ことが可能になります。

図表5−7 在留資格「介護」への移行ルート

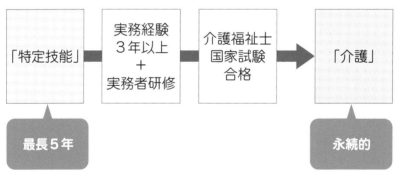

※特定技能外国人が介護福祉士国家試験の受験資格を得るには、実務経験３年以上＋実務者研修、あるいは実務経験３年以上＋介護職員基礎研修＋喀痰吸引等研修を経ている必要がある。

② 資格取得を支援しよう

試験勉強のためのサポーティブな体制

介護福祉士国家試験は平均70％程度の合格率ですが、EPA（▶P25）で来日している外国人の合格率は50％前後と、外国人にとっては難しい試験です。

そのため、試験勉強は外国人任せにするのではなく、**受け入れ施設全体でサポート**していく体制を整えることが重要です。

具体的には、外部の介護福祉士試験の講習費用や教材費を負担したり、施設内で勉強できる環境を整えるなどです。お役立ち情報（▶P156）で紹介している無料のWeb教材などを活用するのもよいでしょう。

試験勉強の前段階として、日本語学校と契約してWebで日本語の講義を受けさせるなど、日本語能力の向上のサポートからはじめている施設もあります。

フルタイムで働いていて勉強時間を取るのが難しい場合もあるため、効率的に勉強できる体制を構築できるとよいでしょう。

合格後は手当で報酬に差をつける

介護福祉士取得後は手当てをつけることを外国人に伝えるなど、勉強のモチベーションを高める工夫も忘れずにしましょう。

充実したサポート体制があれば、外国人の離職防止にもつながります

🔍 補足情報 「特定技能」お役立ち情報

●特定技能の雇用に関する問合せ先

JICWELS（公益社団法人国際厚生事業団）外国人介護人材支援部	0120-118-370 （フリーダイヤル）	

●介護分野の特定技能に関する総合的な情報

☞制度概要、試験情報、特定技能協議会、制度説明会・交流会等の情報を以下のWebサイトで閲覧できます。

「介護分野における特定技能外国人の受入れについて」（厚生労働省Webサイト）（https://www.mhlw.go.jp/stf/newpage_000117702.html）

●「特定技能外国人の受入れに関する介護事業者向けガイドブック」

☞特定技能で受け入れるためのポイントや、他の事業者や自治体の取り組みなどの実際の事例が掲載されているガイドブックです。厚生労働省のWebサイトからダウンロードできます。

https://www.mhlw.go.jp/content/12000000/000777513.pdf

●特定技能の試験（介護技能評価試験・介護日本語評価試験）に対応する学習用テキスト（10か国語）

☞厚生労働省Webサイト（介護分野における特定技能外国人の受入れについて（URLは上記））からダウンロードできます。

在留資格
「介護」で
採用しよう

在留資格「介護」の採用手順を確認しよう

　在留資格「介護」での受け入れは、採用から雇用管理まで、すべて自社で行います。しかし、「特定技能」や「技能実習」のように在留資格特有の複雑な手続きがないため、受け入れ手続きは大変シンプルです。

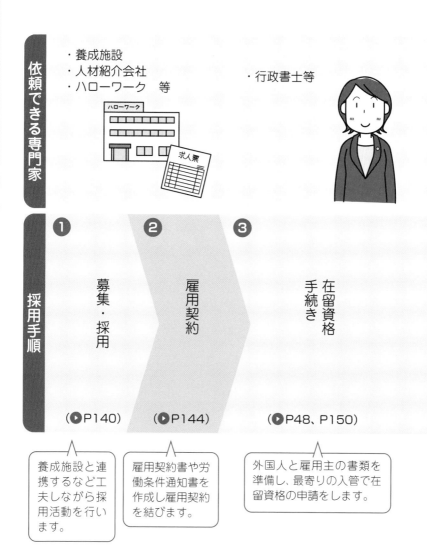

依頼できる専門家

・養成施設
・人材紹介会社
・ハローワーク　等

・行政書士等

採用手順

❶ 募集・採用
（▶P140）

❷ 雇用契約
（▶P144）

❸ 在留資格手続き
（▶P48、P150）

養成施設と連携するなど工夫しながら採用活動を行います。

雇用契約書や労働条件通知書を作成し雇用契約を結びます。

外国人と雇用主の書類を準備し、最寄りの入管で在留資格の申請をします。

・社会保険労務士 (社会保険・労務関係)
・行政書士 (在留資格関係)

・行政書士等

❹ ❺ ハローワークへの届出 　**❻** 雇用管理 　**❼** 在留期間の更新

❹ 入社

（▶P58）　（▶P152）　（▶P56、P153）

雇入れた後は、期限内にハローワークに届け出ます。

在留資格のルールや労働基準法など、法令を遵守しながら雇用します。

在留期限が近づいたら在留期間の更新申請をします。

第**6**章　在留資格「介護」で採用しよう

▶6-1

「介護」の採用ルールと
対象者を確認しよう

▶受け入れ施設の自主的な採用活動が必要
▶採用できるのは介護福祉士資格をもつ外国人
▶外国人は介護福祉士をめざしている段階から取り込むとよい

　この章では、介護福祉士資格をもつ外国人を受け入れられる在留資格「介護」での採用について詳しくみていきます。

　監理団体や登録支援機関のようなサポート機関はありませんが、受け入れ手続きは簡易で、自社で行うハードルは高くありません。

１ 採用のルール

　「介護」では、特定技能と同様、人材のあっせん機関が設けられていないため、自社独自の方法で**自主的な採用活動**を行う必要があります。

　しかし、特定技能と異なり、国別のルールはありません。この点においては安心して採用活動を進めていくことができるでしょう。

「介護」の外国人には訪問介護を任せることができます。

2 どんな外国人を採用すればよいか

外国人が「介護」を取得するための要件は、**「介護福祉士資格を取得していること」**とシンプルです。

しかし、外国人の資格者自体が少ないということもあり、日本人と同様、求人募集広告などで資格者を募集しても応募者がなかなか来ないのが現状です。これに関し、どのようにしたら外国人を効率的に採用できるかということに焦点をあてて、詳しく解説していきます。

3 効率的な採用方法

外国人の介護福祉士資格者を効率的に採用するには、その人が**介護福祉士をめざしている段階から取り込む**ようにするのが最善の方法です。

たとえば、養成施設の留学生にアルバイトに入ってもらったり、介護福祉士試験の受験を希望する外国人をサポートしたりする方法です。

このような形で実際に採用活動を進めていくには、まずは**介護福祉士の資格取得ルート**をしっかり確認しておくことが必要です。次頁で詳しくみていきましょう。

▶6-2

2つの採用ルートを押さえよう

▶養成施設ルートと実務経験ルートの外国人にアプローチするとよい

▶養成施設ルートでは即戦力となる留学生を採用できる

　介護福祉士をめざしている外国人を効率的に取り込むことができるよう、介護福祉士の資格取得ルートを確認しておきましょう。

1 外国人介護福祉士の資格取得ルート

　介護福祉士をめざす外国人が多くいるのは①介護福祉士養成施設を卒業するルート（**養成施設ルート**）と、②実務経験を積んだ後に介護福祉士国家試験に合格するルート（**実務経験ルート**）です。

図表6−1 外国人介護福祉士の主な資格取得ルート

```
┌─────────────────────────────────────┐
│          在留資格「介護」             │
└─────────────────────────────────────┘
                 ↑ 雇用契約
┌─────────────────────────────────────┐
│     介護福祉士資格取得（登録）        │
└─────────────────────────────────────┘
      ↑                        ↑
 介護福祉士国家試験合格    介護福祉士養成施設
                            （2年以上）
      ↑                        ↑
 実務経験3年以上          日本語学校（任意）
 ＋ 実務者研修

 ［実務経験ルート］        ［養成施設ルート］
（「特定技能」、「技能実習」など）  （留学生など）
```

週28時間以内のアルバイト可能※

※資格外活動許可が必要

136

2 養成施設ルートからの採用

　養成施設ルートは、専門学校などの介護福祉士養成施設を卒業して介護福祉士資格を取得するルートです。

養成施設卒業者には2026年度まで国家試験を免除

　介護福祉士資格を取得するには、介護福祉士国家試験の合格が必要ですが、**2026年度末までに介護福祉士養成施設を卒業した人の場合は試験に合格していなくても介護福祉士としての登録が認められます。**

　上記の介護福祉士の登録は5年間の暫定的なものですが、この間に国家試験に合格するか、または卒業後5年間続けて介護等の業務に従事すれば5年経過後も介護福祉士の登録を継続することができます。

どんな外国人を採用できるか

　このルートの外国人は、養成施設で介護の基礎を習得し、日本語や日本文化にも順応している外国人です。**即戦力**として活躍できる外国人を採用できるルートだといえるでしょう。

在学中のアルバイトも可能

　養成施設の留学生は、資格外活動許可を取得すれば週28時間以内のアルバイトが認められます。彼らを在学中からアルバイトとして受け入れ、卒業後に正社員として採用することも考えられます。

　また、養成施設の留学生のほか、養成施設の入学前に日本語を学んでいる日本語学校の留学生を受け入れることも可能です。

3 実務経験ルートからの採用

　実務経験ルートは、実務経験を積んで介護福祉士試験の受験資格を取得し、試験の合格を経て介護福祉士資格を取得するルートです。

受験資格を得るための要件

　介護福祉士国家試験の受験資格を得るには、**実務経験3年以上＋実務者研修（6か月あるいは450時間）**、または実務経験3年以上＋介護職員基礎研修・喀痰吸引等研修を経ることが必要とされています（実務経験だけでは要件を満たせません）。

どんな外国人を採用できるか

　受験資格を得るための実務経験の年数には、正社員だけでなく、アルバイトで働いた経験も含められます。外国人の場合は**「技能実習」**や**「特定技能」**で就労した期間、あるいは、留学生などがアルバイトで働いた期間も実務経験に含めることができます。

　したがって、これらの外国人を雇用していると、将来実務経験ルートで「介護」への移行が可能になることがあります。しかし、その際外国人にとって最もハードルが高いのは介護福祉士国家試験の合格です。これをクリアするには、雇用主によるサポートが重要になるでしょう（資格取得の支援●P129）。

図表6-2 実務経験ルートによる「介護」への移行

🔍 補足情報 介護福祉士資格取得ルートに関する情報

　介護福祉士資格取得ルートにはここで取り上げた養成施設ルートと実務経験ルートのほかに、EPAルート（EPAで入国し、受け入れ施設で研修等を修了後、国家試験に合格し資格取得）と福祉系高校ルート（福祉系高校を卒業後、国家試験に合格して資格取得）があります。

図表6-3 介護福祉士の資格取得ルート図

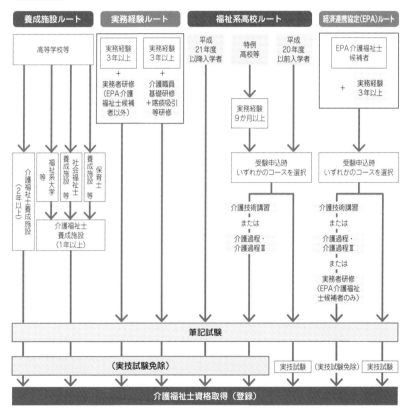

出典：公益財団法人社会福祉振興・試験センターWebサイト『受験資格（資格取得ルート図）』http://www.sssc.or.jp/kaigo/shikaku/route.html

※介護福祉士の資格取得条件は今後も変更となる可能性があるため、詳しい情報は、公益財団法人社会福祉振興・試験センターのWebサイト（上記出典）参照。

▶6-3

自社に合った採用方法を みつけよう

▶養成施設と連携して留学生を採用しよう
▶就職相談会の開催や奨学金の支援も効果的

　それでは、「介護」における具体的な採用方法をみていきましょう。採用方法は、大きく分けて２つあります。

1 介護福祉士をめざす外国人を募集する 方法

①養成施設と連携する

　即戦力として活躍が期待できる養成施設の留学生を採用するにはそれらの学校と連携することが欠かせません。まずは、近くの養成施設に問い合わせ、自社が外国人を積極的に採用していることを伝えるとよいでしょう。

　採用に関して協力を得るには、普段から養成施設の実習生や見学者を受け入れるなど、養成施設とのつながりを強めておくことも重要です。

②奨学金を支援する

　採用を予定している日本語学校や養成施設の留学生に対し、奨学金を支援することで将来の人材の獲得につなげている事業所もあります。奨学金の支援方法は、主に次の２つのケースがあげられます。

①卒業後に一定期間（５年間の場合が多い）勤務した場合に返済を免除する契約で奨学金を貸与するケース
②外国人が介護福祉士等修学資金貸付制度※で奨学金を借り受けた場合に介護施設長等が保証人になるケース

　留学生に奨学金の支援をする場合は養成施設に申し入れたり募集要項に明記したりするのが有効です。

　また、奨学金の支援を行っている介護施設は都道府県等から**経費の助成**を受けられる場合がありますので問い合わせてみるとよいでしょう。

③就職相談会を開催する

　日本語学校や養成施設の留学生等を対象に就職相談会を開催する方法です。

　上記のような奨学金支援を行う場合は、奨学金制度の説明の時間を設けてもよいでしょう。

　このような場所に自ら足を運び積極的に情報収集をする外国人は、就職に対するモチベーションが高く、採用後も熱心に働いてくれる人材が多いようです。

　就職相談会を自社だけで開催するのが難しい場合は、自治体などが主催する合同企業説明会に参加したり、他の施設と一緒に開催したりするのもよいでしょう。

※介護福祉士等修学資金貸付制度は、養成施設の留学生が２年間でおよそ160万円の修学支援を受けることができ、卒業後原則として５年間の介護業務に従事することで貸付金の返還が免除される。都道府県の社会福祉協議会などにより実施されている。

④アルバイトや「技能実習」・「特定技能」で受け入れておく

　「介護」での採用の前段階で、アルバイトの留学生や、「技能実習」あるいは「特定技能」の外国人を受け入れておき、介護福祉士資格取得後に「介護」に移行する方法です。

　前もって受け入れておくことで事前に適正を見極められ、採用後のミスマッチを防げるメリットがあります。

2 広く一般に募集する方法

　養成施設の留学生などに限定せず、広く募集をかける方法です。先に紹介した採用活動とあわせて行うとよいでしょう。

①外国人雇用サービスセンターやハローワークを利用する

　外国人雇用サービスセンター（東京・名古屋・大阪・福岡）や、留学生の多い地域の新卒応援ハローワークに設置されている留学生コーナー（全国21か所）で求人を出すことができます。雇用管理に関する指導も受けられ、無料ですので活用するとよいでしょう。

　外国人雇用サービスセンター・留学生コーナー一覧（厚生労働省千葉労働局Webサイト）
　https://jsite.mhlw.go.jp/chiba-roudoukyoku/content/contents/000737863.pdf

②求人募集広告を出す

　募集広告をみて直接応募する外国人もいるため、外国人を積極的に募集していることがわかるよう求人サイトや求人情報誌などに求人募集広告を出してみるのもよいでしょう。

③人材紹介会社を利用する

近年では、外国人を紹介する民間の人材紹介会社も増えています。また、介護に特化した人材紹介会社もあります。高額な手数料がかかる場合もありますが、希望の人材を効率的に採用できる方法です。

人材紹介会社については▶P107も参考にしてください。

外国人は横のつながりが強く、友人や知人を紹介してくれることも多くあります。

外国人に労働条件を
伝えよう

▶ 労働条件通知書は後の在留資格申請で提出が必要になる
▶ 法令にもとづいて作成しないと在留資格が許可されない
▶「介護」の労働条件通知書は自由な書式で作成できる

　外国人の採用が決まったら、労働条件通知書や雇用契約書を作成して外国人に労働条件を伝えましょう。

1 労働条件通知書とは

　労働条件通知書とは、労働契約の期間をはじめ職務内容や始業・終業の時刻、休日、賃金といった労働契約の締結をするうえで重要な事項を明示する書類です。

　労働者に対する労働条件の明示は労働基準法第15条で義務づけられているものですので、特に在留資格手続きのためにするものではありません。しかし、採用後の在留資格申請では労働条件通知書（または雇用契約書）を提出する必要があるため、あらかじめ**法令にもとづいたもの**を作成しておかなければ許可が下りません。

　法令にもとづいた作成のしかたについては、●P146で後述しています。

2 トラブル回避には雇用契約書を

　労働条件通知書の代わりに、同様の労働条件を記載した**雇用契約書**で対応することも可能です。

雇用契約書は労働条件通知書と異なり、作成する義務はなく、また記載する内容も自由です。しかし、労働条件について必要事項を記載することで、労働条件通知書の役割を兼ねた書面として用いることができます。

この場合、労働条件通知書と雇用契約書はどちらも明示しなければならない労働条件は同じですが、次のような違いがあります。

- **労働条件通知書…労働者に対する一方向的な通知書**
- **雇用契約書…両者の合意を示す署名捺印が必要**

のちのち、労働者との間で「言った」「言わない」のトラブルを避けるには、両者の合意のもとでつくられた**雇用契約書が有効**です。

③ 日本人と同様のものを自由な書式で作成する

在留資格「介護」の労働条件通知書／雇用契約書は、**日本人と同様**の一般的なものを作成します。**書式も自由**です。

なお、第5章でみてきた「特定技能」の雇用契約書の場合は、指定の内容を盛り込む必要がありましたが、在留資格「介護」の雇用契約書の場合はそのように作成する必要はありません。

🔍補足情報 雇用契約書の様式

- 「介護」➡日本人と同様のものを自由な書式で作成（記載例 ▶P148）
- 「特定技能」➡指定の内容を盛り込んだものを作成（参考様式を入管Webサイトからダウンロード可能）

ただし、採用するのは外国人ですので**在留資格の範囲内で労働条件を決める**などの注意点があります。これも踏まえて作成方法をみていきましょう。

4 労働条件通知書／雇用契約書の作成のポイント

①必要事項を明示すること

　労働条件通知書／雇用契約書の書式は自由ですが、労働者に通知しなければならない事項は法令で定められています。次のような項目で作成できるようにしましょう（記載例●P148）。

図表6－4 労働者に明示する事項

必ず明示する	①労働契約の期間 ②期間の定めのある労働契約を更新する場合の基準 ③就業の場所・従事する業務 ④始業・終業時刻、休憩時間、休日、休暇など ⑤賃金の決定、計算・支払方法、支払時期など ⑥退職に関すること（解雇の理由を含む） ⑦昇給に関すること
定めをした場合に明示する	⑧退職手当に関すること ⑨賞与などに関すること ⑩食費・作業用品などの負担に関すること ⑪安全衛生に関すること ⑫その他（職業訓練、災害補償、表彰・制裁、休職など）

　①～⑥は書面で交付しなければならない事項です。ただし、労働者が希望した場合はFAXやメール、SNS等の電子データ（書面で出力できるものに限る）で明示することが可能です。

※パートタイム労働者・有期雇用労働者の場合は、必ず書面等で明示する事項として、昇給の有無、退職手当の有無、賞与の有無、相談窓口（相談担当者の氏名、役職、相談部署等）も含まれる。

②労働関係法令にもとづいていること

労働条件は労働基準法などの**労働関係法令に従って決定**しなければなりません。賃金が最低賃金以上であることや労働時間が法令の上限を超過していないことなど、決定した労働条件が法令にもとづいていることを確認しておきましょう。

労働関係法令にもとづく労働条件の決定は専門家である社会保険労務士に相談するとよいでしょう

③在留資格のルールにもとづいていること

ここからは外国人雇用に特有のポイントになります。

労働条件が**在留資格の範囲内**であることを確認しておきましょう。特に注意が必要なのは賃金と業務内容です。

報酬	「日本人と同等額以上」であること。
業務内容	介護福祉士としての業務であること。 （介護と関係のない業務を含めることや、掃除、洗濯のような周辺作業をメインにすることは認められない）

④外国人が十分に理解できるようにすること

のちに外国人との間でトラブルが生じないようにするために、外国人が労働条件を**十分に理解**できるようにしておくことが大切です。

書面に母国語の翻訳文や日本語のふりがな（ルビ）をつけたり、平易な日本語や通訳をつけて説明したりするとよいでしょう。

雇用契約書

雇用者　<u>社会福祉法人○○会</u>　と労働者　<u>KAIGO　EMILY</u> とは、下記の通り雇用契約を締結する。

契　約　期　間	20○○年○月○日より期間の定めなし
就　業　場　所	○○県○○市○○町１番地２　　社会福祉法人○○会　△△△老人ホーム
業　務　内　容	介護福祉士としての業務全般
就　業　時　間	8　時　30　分　から　17　時　30　分　まで
休　憩　時　間	12　時　00　分　から　13　時　00　分　まで
所定時間外労働	所定時間外労働　（　有　）／　休日労働　（　有　）
休　　　　　日	日曜日及び指定日（月に４日），その他（国民の休日・当社規定の休日）
休　　　　　暇	就業規則第○○条による
賃　　　　　金	・基本賃金：月給（　190,000　円　） ・諸手当：○○手当 10,000 円／月，○○手当 5,000 円／月，○○手当 7,000 円 ・昇給 ⓗ（時期，金額等　年１回（○○○○円），無） ・賞与 ⓗ（時期，金額等　年２回（６月・12 月)），無） ・退職金（有（時期，金額等　　　　　　），無）
賃　金　支　払	・賃金締切日：毎月　月末　／　賃金支払日：翌月　25 日 ・支払方法：指定の銀行口座に振込む
退職に関する 事項	・定年制　（　有　）満６０歳 ・自己都合退職の手続き：退職する１か月以上前に届け出ること ・解雇事由および手続き：就業規則第○○条による
そ　の　他	・労災保険，雇用保険，健康保険，厚生年金保険に加入する。 ・雇用管理の改善等に関する事項に係る相談窓口 　部署名（人事部），担当者職氏名（人事部　採用花子） ・本契約に規定のない事項は就業規則による。疑義が生じた場合には労働法令に従う。 ・本契約は日本政府により在留許可されない場合には発効しないものとする。

　　　20○○年○月○日　　　雇用者　　　○○県○○市○○町１２３番地
　　　　　　　　　　　　　　　　　　　　社会福祉法人　○○会
　　　　　　　　　　　　　　　　　　　　理事長　雇用　正人　　　㊞

　　　　　　　　　　　　　　労働者　　　○○県○○市○○町５番地６丁目
　　　　　　　　　　　　　　　　　　　　KAIGO　EMILY　　　㊞

記載例の「その他」の項目にあるように、「在留資格の許可が得られない場合は雇用契約の効力は発生しない」という内容も盛り込んでおきましょう。

アドバイス 外国人労働者向けモデル労働条件通知書を利用しよう

　10か国語版の「外国人労働者向けモデル労働条件通知書」が厚生労働省のWebサイトに公開されています。労働条件通知書を作成する場合は、これを利用してもよいでしょう。

　外国人労働者向けモデル労働条件通知書（10か国語版）（厚生労働省Webサイト）
http://www.mhlw.go.jp/new-info/kobetu/roudou/gyousei/kantoku/040325-4.html

在留資格の
手続きをしよう

▶「介護」への在留資格変更の手続きをしよう
▶介護福祉士登録証が間に合わない場合は「特定活動」で雇用
　する

　外国人と雇用契約を結んだら、最寄りの入管で在留資格の手続き
をしましょう。

1　在留資格変更の必要書類

　国内にいる養成校の留学生や「特定技能」の外国人などを採用し
た場合は、**「介護」への在留資格変更**の手続きを行います（在留資格
変更許可申請 ▶ P49）。その際の提出書類は以下のとおりです。

提出書類（「介護」への在留資格変更許可申請）

☑　在留資格変更許可申請書※

☑　証明写真

☑　パスポートおよび在留カード

☑　介護福祉士登録証（写し）

☑　労働条件通知書または雇用契約書

☑　雇用機関のパンフレット・案内書

☑　技能移転に係る申告書（「技能実習」からの変更の場合）

※「在留資格変更許可申請書」のダウンロード（出入国在留管理庁Webサイト）
　http://www.moj.go.jp/isa/applications/procedures/16-2-1.html

2 入社までに登録証が交付されない場合の手続き

前頁の提出書類の一覧に示したように、「介護」への在留資格変更申請で許可を得るには、**介護福祉士登録証**の提出が必要です。しかし、新卒の留学生の場合などには就労開始予定の４月１日の時点でそれが交付されていないことがあります。

しかし、そのような場合でも、在留資格を**「特定活動（内定者）」に変更する**ことで、介護福祉士登録証が交付されるまでの間も予定どおり働いてもらうことができます（「特定活動」 ●P11、P16）。

この場合、「介護」を取得するまでに２回の在留資格変更の手続きが必要になります。

図表6-6 新卒留学生のケース

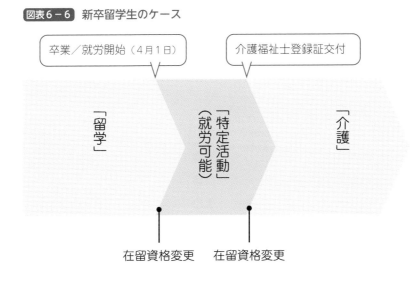

入社後の手続きを
確実にしよう

▶在留資格に固有の手続きがないため負担が少ない
▶在留資格手続きや生活相談の担当者を決めておくとスムーズ

　在留資格が許可されたら、いよいよ就労開始です。受け入れ後に
必要な手続きや注意点について確認しておきましょう。

1 受け入れ後の手続き

　「介護」での受け入れは、特定技能のように在留資格に固有の手続
きや義務（協議会の参加や外国人への支援など）が設けられていま
せん。
　このため、在留期間の更新やハローワークへの届出など、第３章
で解説した外国人雇用に共通する基本的な手続きのみしっかり行え
ばよいのです。

「介護」の受け入れ後の手続き・注意点
☑　ハローワークへの届出（第３章▶P58）
☑　在留期間更新の手続き（第３章▶P56）
☑　法令の範囲内での雇用（第３章▶P64）
☑　外国人雇用管理指針にもとづく雇用管理（第３章▶P66）

> 🔍 **補足情報** 在留期間更新の必要書類（在留資格「介護」）

- ☑ 在留期間更新許可申請書※1
- ☑ 証明写真
- ☑ パスポートおよび在留カード
- ☑ 住民税の課税証明書および納税証明書（1年間の総所得と納税状況が記載されたもの）

※1 在留期間更新許可申請書のダウンロード（出入国在留管理庁Webサイト）
　　http://www.moj.go.jp/isa/applications/procedures/16-2-1.html
※2 オンライン申請（●P68）も利用可

2 社内で担当者を決めておく

「介護」では、特定技能のように外国人への支援の義務はありません。しかし、日本人とは異なりますので、ある程度の支援は自主的に行っていく必要があります。

そこで、社内で在留資格手続きを行う担当者、生活相談を行う担当者、業務指導を行う担当者、学習支援を行う担当者などを決めておくと業務がスムーズになるばかりでなく、外国人の離職防止や効果的な人材育成にもつながります。

第6章

在留資格「介護」で採用しよう

6-7

永住権や家族の呼び寄せの
相談に対応しよう

▶「介護」の外国人は永住権の申請や家族の呼び寄せができる
▶永住申請や家族の呼び寄せは外国人が個人的に行う手続き
▶永住申請中も通常どおりに在留期間の更新が必要になる

　在留資格「介護」の外国人は、永住権の申請をすることや母国の家族を呼び寄せることが可能です。これらの手続きは雇用主がかかわる就労資格の申請とは異なり**外国人が個人的に行うもの**ですが、サポートを必要として勤務先に相談する外国人も多くいます。

　これに対し雇用主は、これらの手続きについて把握しておくとともに、信頼できる行政書士などの専門家を外国人に紹介できるようにしておくとよいでしょう。

1 永住申請をする場合

　「介護」で就労する外国人が、**10年以上**日本に在留し、そのうちの**5年以上**就労資格を持って就労を続けていると永住権（在留資格「永住者」）を申請することができます。
　外国人職員が「永住者」を取得すると、
・**在留期間の更新が不要になる**
・**日本人と同様に雇用できるようになる**
など、外国人だけでなく雇用主も大きなメリットを得られます。
　しかし、永住申請は許可率が約5割とハードルが高く、書類準備も大変煩雑です。確実に手続きをするためには、行政書士などの専

154

門家の利用を勧めるほうがよいでしょう。

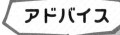

永住申請中でも在留期間の更新は必要

永住申請の審査には約4か月～1年かかりますが、この間に在留期限が切れる場合は通常どおり**在留期間の更新が必要**になります。これらを知らずに更新手続きをしないでいると雇用を続けられなくなってしまうので注意が必要です。

2 母国から家族を呼び寄せる場合

外国人が母国から家族を呼び寄せて暮らす場合、来日する家族は**「家族滞在」**という在留資格を取得して日本に滞在します。

「家族滞在」の手続きは、家族を呼び寄せる外国人が海外の家族に代わって行います（在留資格認定証明書交付申請▶P52）。

なお、「家族滞在」で呼び寄せられる家族は**配偶者と子ども**に限られるので注意が必要です。

提出書類（「家族滞在」の在留資格認定証明書交付申請）
- ☑ 在留資格認定証明書交付申請書
- ☑ 証明写真
- ☑ 扶養者の在留カードまたはパスポートの写し
- ☑ 結婚証明書の写し（配偶者を呼び寄せる場合）
- ☑ 出生証明書の写し（子どもを呼び寄せる場合）
- ☑ 在職証明書
- ☑ 住民税の課税証明書および納税証明書（1年間の総所得と納税状況が記載されたもの）

補足情報 在留資格「介護」お役立ち情報

●「介護」での雇用に関する問合せ先

公益社団法人　日本介護福祉士養成施設協会　介護福祉士を目指す留学生のための相談支援センター	0120-07-8505	

☞介護福祉士をめざす留学生だけでなく、外国人介護人材を受け入れている施設も相談することができます（留学生のアルバイト採用の相談など）

●外国人労働者の人事・労務に役立つ３つの支援ツール

① 「外国人社員と働く職場の労務管理に使えるポイント・例文集」

② 「雇用管理に役立つ多言語用語集」

③ 「モデル就業規則やさしい日本語版」

☞厚生労働省Webサイトからダウンロードできます。

https://www.mhlw.go.jp/stf/seisakunitsuite/bunya/koyou_roudou/koyou/jigyounushi/tagengoyougosyu.html

● 『外国人のための介護福祉専門用語集』

● 『外国人のための介護福祉士国家試験一問一答』

☞公益社団法人日本介護福祉士会Webサイト「にほんごをまなぼう」からダウンロードできます。

https://aft.kaigo-nihongo.jp/rpv/

お　わ　り　に

　本書をお読みいただきいかがでしたでしょうか。

　「わかりやすかった」あるいは「すぐに実務に生かせそう」などの
ご感想をいただければ大変うれしく思います。

　日本の少子高齢化は急速に進み、人手不足に悩む多くの介護施設
が外国人の採用に踏み出しています。今は日本人職員だけで対応し
ている介護施設も、2040年までにさらに69万人もの介護職員が
必要になるという政府の予測データを踏まえると、近い将来、外国
人に頼らざるを得ない時代がほぼ確実にやってくると思われます。

　しかしながら、外国人の受け入れ制度や手続きは非常に複雑で、
ようやく外国人の採用を決断したとしても何から手をつけたらよい
かわからない事業者が大変多くいるのが現状です。

　このようななか、人材確保に苦労されている介護事業者さん向け
にわかりやすい外国人採用の本を書いてみないか、とのお誘いを本
書の編集者である鈴木涼太さんからいただいたのをきっかけに本書
の執筆がはじまりました。

　以来、"真に読者の利益になる本"を皆様にお届けできるよう、鈴
木さんに多くのアドバイスをいただきながら推敲を重ね、約1年を
かけてこのような形で完成しました。

　本書が皆様の外国人雇用の一助として、あるいは今後外国人ス
タッフの採用を考えるきっかけとしてお役に立てれば幸いです。

【 謝 辞 】

　本書でも詳しくお伝えしてきましたが、外国人雇用では制度や場面によって利用できる専門家がさまざまです。このため、行政書士の私が直接かかわることのできない専門外の部分については、各場面で活躍する他の専門家の方々にもご指導をいただきながら本書を書き上げました。

　また、外国人介護スタッフを実際に雇用されている医療法人様にも取材のご協力をいただき、現場の生の声を参考にさせていただきました。

　ご協力いただいた下記の皆様に心より御礼申し上げます。

　社会保険労務士　田中友有 様
　協同組合アペックス（監理団体・登録支援機関）
　　専務理事　如月宏宇 様
　ケアマネジャー　谷口圭子 様
　医療法人　社団美心会　黒沢病院 様（取材協力）

　また、本書の制作に共に取り組んできた編集者の鈴木さんをはじめ、これまで執筆活動を支え励ましてくださった司法書士の岡住貞宏様、編集プロダクション情報センター代表の高坂均様、株式会社上毛新聞ＴＲの倉林亜希子様、友人の松田伸幸様、最愛の家族、そして本書をお読みいただいた皆様に感謝の意を表して本書を締めくくりたいと思います。

2022年2月
矢澤めぐみ

著者について

矢澤　めぐみ

立教大学文学部英米文学科卒業
群馬県行政書士会所属
出入国在留管理庁申請取次行政書士

2009年に入管手続き専門のYIS矢澤行政書士事務所を開設。世界各国から来日する外国人の在留資格申請を行っており、現在は、外国人（介護職種を含む）の採用やコンプライアンスを含めた総合的な外国人雇用のサポートに力を入れている。
人事担当者や社会保険労務士向けの雑誌への寄稿も行っている。

【主な著書】
● 『外国人雇用はじめの一歩』日本法令、2020年
● 特集「外国人雇用　知っておきたい在留資格＆改正動向」、『ビジネスガイド』第56巻第3号、日本法令、2019年2月
● 特集「知っておきたい「特定技能」と入管手続き」、『ビジネスガイド』第56巻第7号、日本法令、2019年5月

ゼロからはじめる　外国人介護スタッフの採用ガイド
入国前の手続きから採用後のフォローまで

2022年3月15日　発行

著　者	矢澤めぐみ
発行者	荘村明彦
発行所	中央法規出版株式会社
	〒110-0016　東京都台東区台東3－29－1　中央法規ビル
	TEL　03-6387-3196
	https://www.chuohoki.co.jp/
本文デザイン	松崎知子
イラスト	さややん。
装丁デザイン	永瀬優子（ごぼうデザイン事務所）
編集協力・DTP	株式会社エディポック
印刷・製本	株式会社ルナテック

定価はカバーに表示してあります。
ISBN　978-4-8058-8442-3

本書の内容に関するご質問については、下記URLから「お問い合わせフォーム」にご入力いただきますようお願いします。
https://www.chuohoki.co.jp/contact/